知識ゼロからの真田幸村入門

小和田哲男
静岡大学名誉教授

幻冬舎

はじめに

慶長19（1614）年、「大坂冬の陣」で、武名を全国にとどろかせたのが、真田信繁だ。大敵にも屈することなく立ち向かい、天下人である徳川家康を再三苦しめ、最期は武将としての誇りとともに潔く散った。のちに稀代の智将「真田幸村」として、軍記物や小説にこぞって描かれ、子どもだけでなく大人までもが目を輝かせて講談に聞き入った。時代を超えて多くの人が信繁に魅了され、今なお人気を集めている。

本書は、真田信繁（幸村）をゼロから知りたい、もっと知りたいという人のために編集された。なお本書では、本名の「信繁」ではなく、一般に広く知られている「幸村」の名を使用し、なじみやすくした。小説などで脚色された活躍だけでなく、等身大の人間としての幸村や、大坂の陣などの最新の研究成果も盛り込んだ。

第1章で、真田家のルーツと大坂の陣に至るまでの歴史の概略を追う。第2章では、真田家の家族や血縁関係、幸村の人柄に迫る。第3章では幸村とかかわりの深い大名や武将などの人物、小説などで活躍する「真田十勇士」について解説する。第4章では幸村が活躍した戦いを中心に、武略に優れた真田軍団や戦法について取り上げる。第5章では、幸村が戦った城や暮らした屋敷、往時を思わせる城跡などを紹介している。

本書によって、読者が戦国時代を生き抜いた一人の武将の姿に思いを馳せ、幸村がより深く理解され、愛される武将になってもらえればうれしい。

小和田　哲男

はじめに……1

第1章 真田三代の歴史をひもとく

第2章　真田一族と幸村の姿を追う

第3章 真田家をとりまく人物

主　豊臣秀頼　家康に攻められ、九度山の幸村を大金で招く……92
歴史の舞台裏4　戦国時代は忍者が活躍し、大名に重宝された……94
恩人　大谷吉継　幸村の岳父。三成との義に殉じ、関ヶ原で散る……96
盟友　石田三成　妻が結んだ縁で、関ヶ原の戦いへ幸村を巻き込む……98
盟友　後藤基次　「槍の又兵衛」で知られる、豊臣五人衆の一人……100
盟友　明石全登　弾圧されたキリシタンの救済のために、大坂方へ……102
盟友　毛利勝永　豊臣五人衆。夏の陣で幸村と連携した実力派……104
恩人　片倉重綱　名将中の名将。大坂の陣後、幸村の遺児を保護……106
盟友　伊木遠雄　真田丸以来のつきあい。幸村の監視役から盟友へ……108
盟友　南条元忠　幸村とともに大坂城を守り、策略で敵を殲滅……108
盟友→敵　原貞胤　武田家家臣以来の旧友。大坂で敵として戦う……109
味方　長宗我部盛親　豊臣五人衆の一人。御家再興のために大坂へ……110
味方　木村重成　大坂の陣の和睦の使者。家康に「武士の鑑」と称される……110
味方　大野治長　幸村を評価できなかった大坂城の実質的指導者……111
◆創作上の英雄
真田十勇士　戦、調略、情報戦……縦横無尽に活躍した……112
歴史の舞台裏5　江戸中期の小説が「英雄幸村」像誕生の原点……114
真田十勇士　猿飛佐助　神出鬼没の甲賀忍者。真田軍団で最も有名……116

第4章 真田軍団の戦術、戦略を解く

第5章　幸村ゆかりの地を巡る

第1章

真田三代の歴史をひもとく

名は広く知られているが、謎の多い真田幸村。小大名ながら戦国の乱世を生き抜いた真田家の歴史とともに、その生涯を追う。

真田家のはじまり

信濃の豪族から派生？謎に包まれた出自

天文10（1541）～天正2（1574）年

真田家の源流をたどる

武士にとって、祖先の出身は重要な問題。ときには系譜を操作して、皇族や公家などの名族につながるように見せることも。真田家の系譜には謎が多く、いくつかの説がある。

説1

名族「海野氏」の直系？

江戸時代に編纂された系譜には、小県郡《ちいさがたぐん》（長野県東部）の名族、海野氏の直系として書かれる。海野幸隆が真田の地に居住し、真田を名乗ったことに端を発するという説だ。

謎が多い

説2

国人「実田」が祖先？

現在の真田町（長野県上田市）を本拠地にした、有力な地侍《じざむらい》（国人《こくじん》、国衆《くにしゅう》）の「実田」が「真田」に転じたという説。室町時代の記録や寺社に残る系譜から推察された。

真田《さなだ》家は、その知名度の高さとは裏腹に謎の多い戦国大名でもある。

その出自もはっきりしたことはわかっていないが、2つの説がある。

1つは信濃《しなの》（長野県）の名族・滋野《しげの》氏《し》を源流とする豪族・海野《うんの》氏《し》から出た海野幸綱《ゆきつな》（のちの幸隆《ゆきたか》）が真田郷《さなだごう》に住んで真田を名乗り、真田幸隆となったという説。もう1つは、幸隆の登場より100年以上前の応永《おうえい》7（1400）年、「実田《さなだ》」という姓を名乗る家が信濃に存在し、「真田」に転じたとする説。

真田家は、幸隆が武田信玄《たけだしんげん》に仕える前の記録が乏しいため、それ以前のことはほとんどわからないのだ。

◘「海野氏の孫」が現在の通説◘

現在は説１の方が有力で、海野棟綱《むねつな》の子孫が真田を名乗ったとされる。

海野幸棟《ゆきむね》

海野棟綱

幸隆の父は真田右馬佐頼《うまのすけより》昌《まさ》。松尾城《まつおじょう》（P166参照）の城主だったとされる。

貞幸《さだゆき》　女＝真田頼昌　幸義《ゆきよし》

「幸隆」か「幸綱」か？
史料には「真田弾正忠《だんじょうちゅう》」「一徳斎《いっとくさい》」「幸綱《ゆきつな》」が残るが、幸隆の名はない。入《にゅう》道《どう》（出家）後に一徳斎幸隆と改称したようだ。「幸」は海野氏が代々使う字で、母が海野氏の出とわかる。

真田幸綱（幸隆）

昌幸　幸隆の三男。真田家を、地方の一家臣から戦国大名に成長させた。

真田家を中興した「真田三代」
真田家は、幸隆、昌幸、信幸・幸村の３代で、弱小領主から天下人を相手取るまでに成長した。真田家を天下に広く知らしめたこの４人は、「真田三代」と総称される。

幸村《ゆきむら》（信繁《のぶしげ》）
正しい名は信繁だが、本書ではなじみのある「幸村」を使用する。

信幸《のぶゆき》（信之《のぶゆき》）

信幸は、関ヶ原の戦い後に「信之」に改名した（P58参照）。本書では混乱を避けるため、「信幸」を使用する。

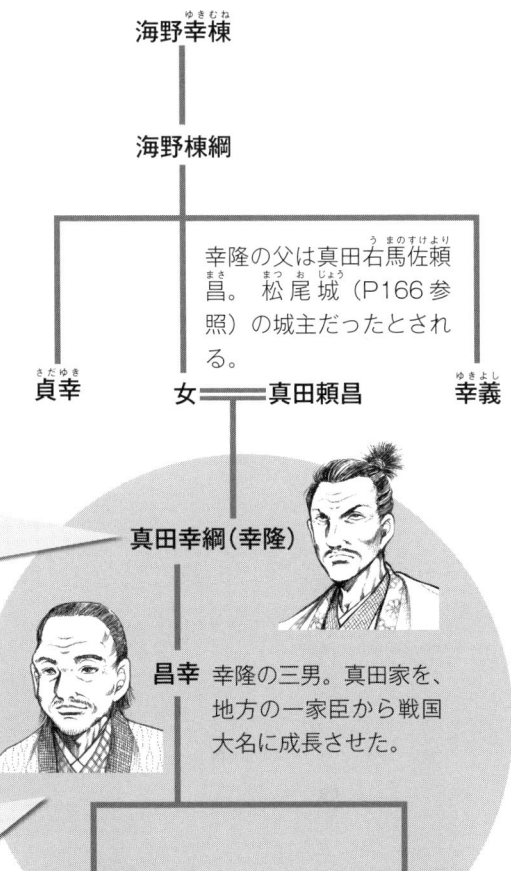

真田幸隆

武田信玄に仕え、軍略家として腕を振るう

～永禄9（1566）年

旧領回復のために武田家へ臣従した

武田家は、幸隆が領地を捨てる原因となった敵。だが上田を取り戻すためには、武田信玄の家臣になる必要があった。

信濃 → 上野 → 信濃

武田に敗北

武田が海野氏を攻撃。海野氏は敗れ、上野に逃亡した。海野家臣の幸隆も領地を捨てて、上野の長野《ながの》業政《なりまさ》の下へ。

幸隆の思惑

領地を回復するには、信濃（長野県）へ戻らなければならない。

武田信玄の家臣に ― 山本勘助《やまもとかんすけ》

関東管領《かんれい》の上杉《うえすぎ》憲政《のりまさ》の下へ ― 長野業政

上野を脱出

幸隆は病をよそおって家にこもった。隙を見て早朝出立し、信濃へ向かった。

武田の家臣に

大坂の陣や上田合戦における真田昌幸・幸村の活躍も、すべてはこの真田家の祖ともいえる幸隆にはじまる。

幸隆は、信濃の豪族・海野棟綱の孫として生まれたとされるが、海野氏が武田信虎《たけだのぶとら》、村上義清《むらかみよしきよ》らの侵攻に敗れて滅亡。幸隆も信濃を追われる。

上野《こうずけ》（群馬県）へ逃れた幸隆は旧領回復をめざすが、自力では不可能だった。そこで新たに甲斐《かい》（山梨県）の武田家当主となり信濃攻略をめざす信玄に賭け、仕官を決める。天文10（1541）年、信玄が信濃攻略に乗り出すと、幸隆もそれに加わった。

上田原《うえだはら》合戦や戸石城《といしじょう》攻めにおいて、

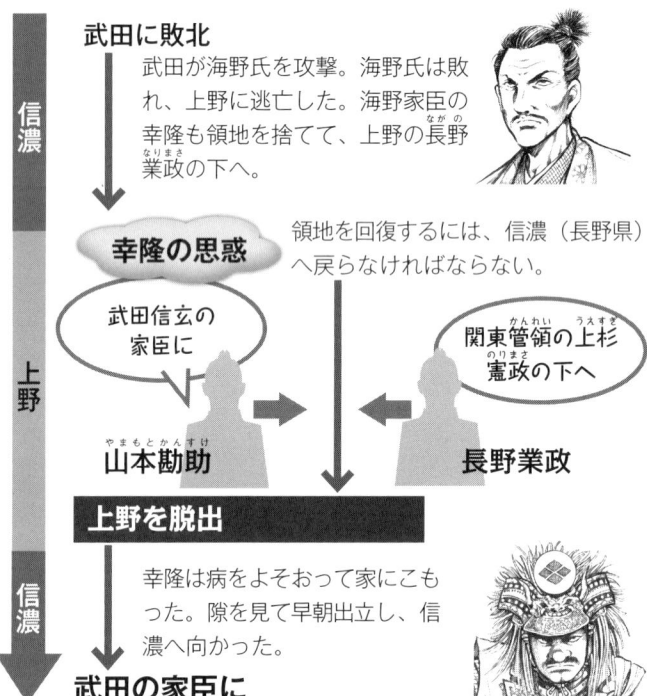

難攻不落の城を調略で次々と落とす

幸隆は、武田家臣としての実績を挙げ、信玄の側近となり重用されはじめていた。信玄が侵攻する信濃、上野地方の攻略を任された。

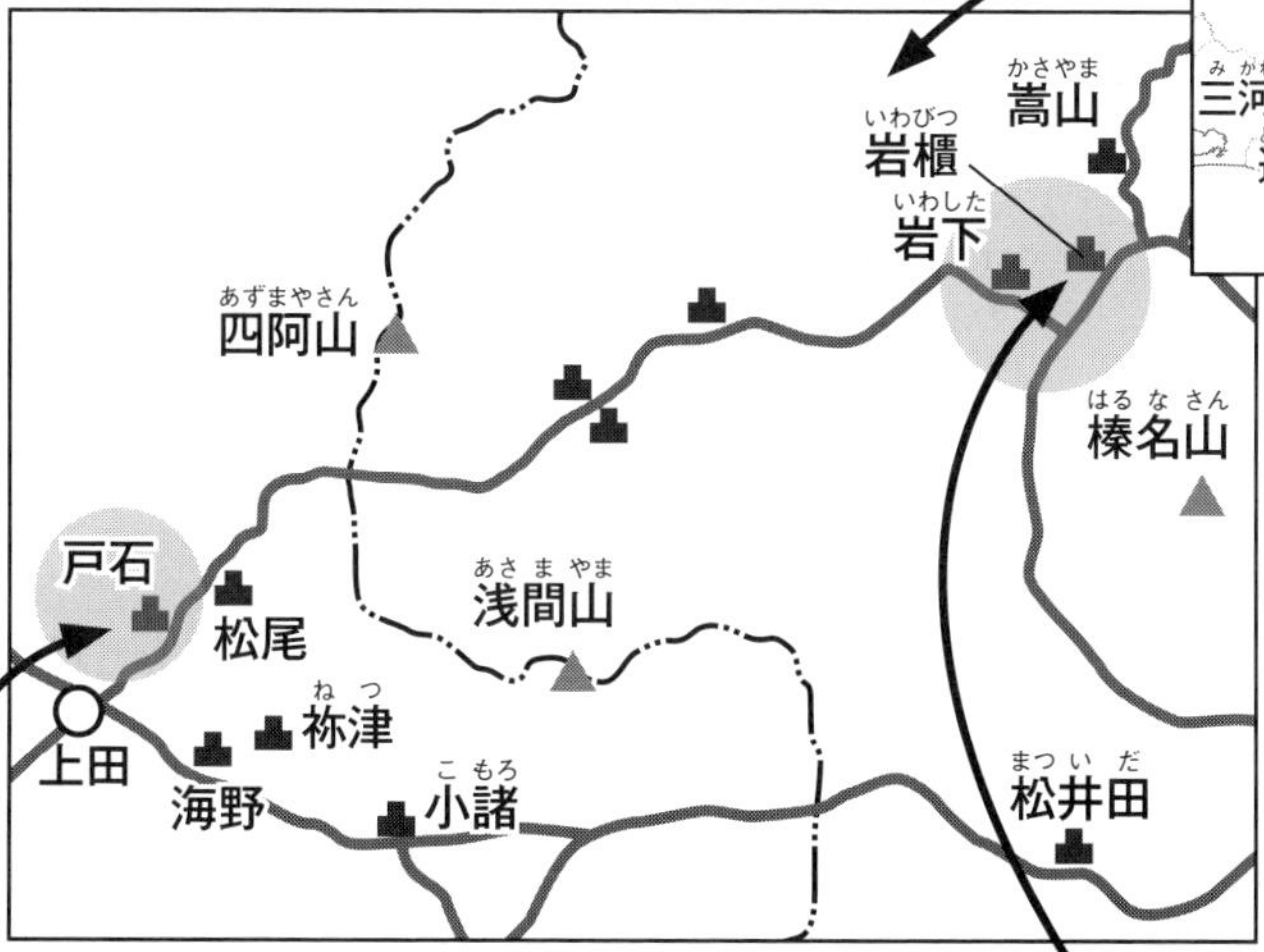

戸石攻め

城内を内応させて落とす

戸石城は東信濃の重要な拠点。信玄が武力で攻めたが大敗（戸石崩れ）。幸隆は、調略で城主の弟と重臣を取り込み、戸石城を落とした。信玄から褒美に旧領地をもらう。

旧領回復

戸石攻め後、永禄《えいろく》４（1561）年の川中島《かわなかじま》の激闘があり、幸隆も参陣。武田の主戦力となった。

岩下・岩櫃攻め

城内を内応させて急襲

岩下城と岩櫃城は、西上野攻略に重要な拠点。幸隆は力攻めにしたが落とせず、和議を申し入れる。その一方で、城主の弟や城の重臣を内応させ、隙を見て急襲し落城させた。

上野攻略

武田軍は手痛い敗北を喫するが、幸隆は粘り強く信玄を補佐。天文20（1551）年、信玄が7000の兵で攻めても落ちなかった戸石城を、調略《ちょうりゃく》によって1日で陥落させた。

　10年越しで領地奪回を果たした幸隆は、その功績から譜代《ふだい》（代々仕える）家臣と同等の待遇を受け、信玄の参謀の一人としてその躍進に貢献してゆくのである。

歴史の舞台裏 1

世は戦国中期。天下がなかば織田信長の手中に

永禄4（1561）～天正3（1575）年

真田幸隆が信濃の旧領地を奪回してから約10年後の永禄4（1561）年、武田と上杉が、信濃北部の川中島で激戦を繰り広げた（第四次川中島の戦い）。

信玄はその後、上野（群馬県）攻略、関東の北条氏との抗争を繰り広げるが、その頃、中央では大きな動きがあった。尾張《おわり》（愛知県西部）の大名、織田信長《おだのぶなが》の台頭である。信長は永禄3（1560）年、桶狭間《おけはざま》の戦いで今川義元《いまがわよしもと》を破り、それから7年かけて斎藤氏を滅ぼし、美濃《みの》（岐阜県）へ進出。そこへ京を追われた足利義昭《あしかがよしあき》が信長を頼ってくる。信長は義昭を次期将軍とすることを約束し、それを大義名分として上洛《じょうらく》を果たした。

その後、畿内《きない》を制圧した信長は、浅井《あざい》・朝倉《あさくら》・武田・本願寺《ほんがんじ》などの諸勢力に包囲網を形成されて一時は窮地に陥るが、元亀《げんき》3（1572）年に、西上作戦を開始していた武田信玄が病死すると危機を切り抜け、浅井・朝倉を滅亡に追い込み、さらに領地を拡大した。

天正《てんしょう》3（1575）年、信玄の跡を継いだ武田勝頼《かつより》が徳川領の三河《みかわ》（愛知県東部）へ侵攻し、長篠《ながしの》・設楽原《したらがはら》の戦いがはじまる。

クローズアップ◆人物

足利義昭

◆生没年
天文6(1537)年～
慶長2(1597)年
享年60

◆役職
室町幕府第15代
征夷大将軍
(在職1568～73年)

兄で第13代将軍の義《よし》輝《てる》が暗殺されたため、織田信長とともに上洛し、将軍に就任。しだいに信長と対立し、天正元（1573）年、信長に京から追放される（室町幕府の滅亡）。

天下を視野に入れる信長

天亀元（1570）年には５国（尾張、美濃、摂津《せっつ》、山城、近江《おうみ》など）攻略。さらに信濃や甲斐へ手を伸ばしはじめる。

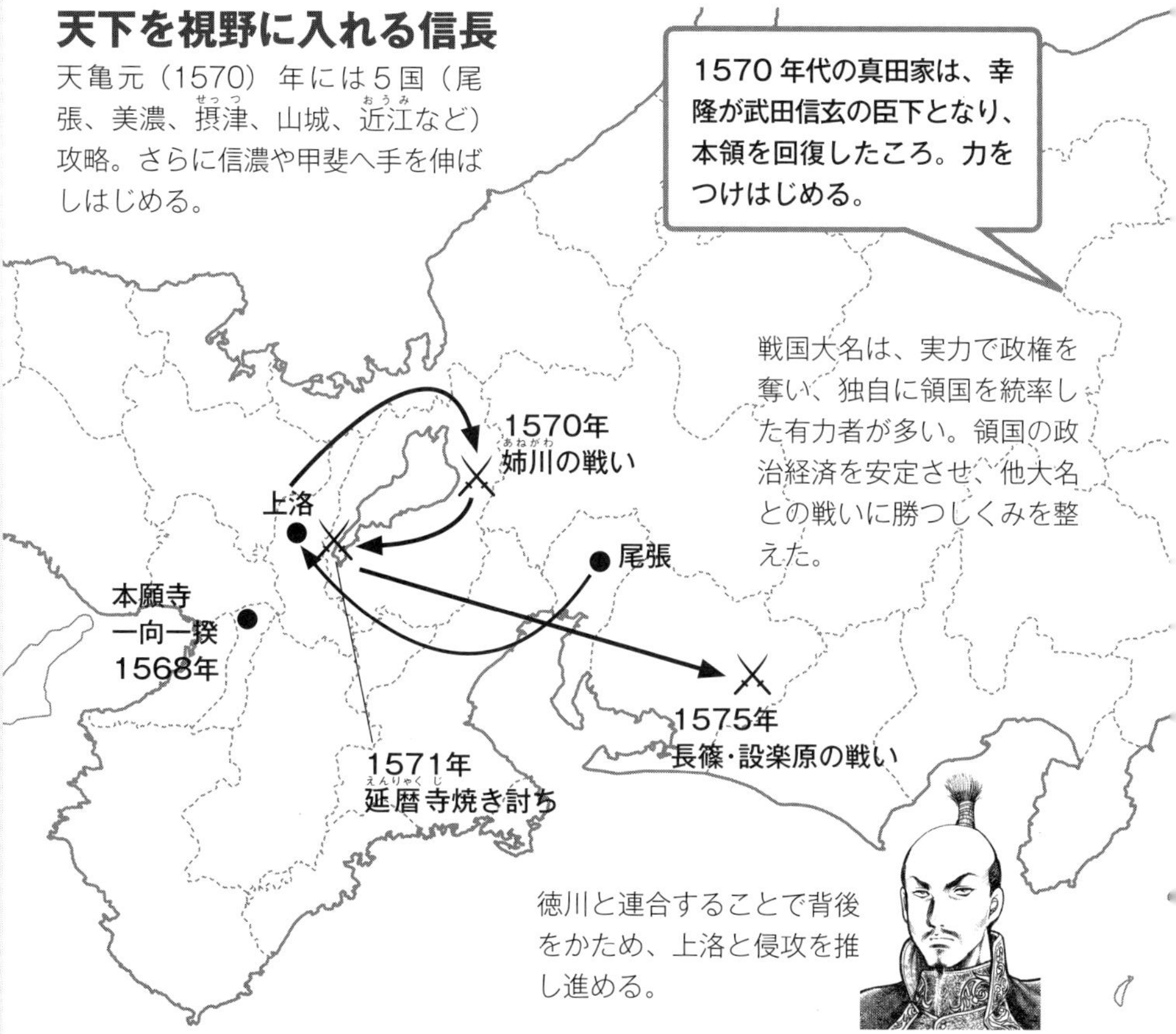
1570年
姉川《あねがわ》の戦い
上洛
尾張
本願寺
一向一揆
1568年
1575年
長篠・設楽原の戦い
1571年
延暦寺《えんりゃくじ》焼き討ち

1570年代の真田家は、幸隆が武田信玄の臣下となり、本領を回復したころ。力をつけはじめる。

戦国大名は、実力で政権を奪い、独自に領国を統率した有力者が多い。領国の政治経済を安定させ、他大名との戦いに勝つしくみを整えた。

徳川と連合することで背後をかため、上洛と侵攻を推し進める。

浅井長政《ながまさ》

◆生没年
天文14(1545)～
天正元(1573)年
享年29
◆領地
近江

織田信長の妹・お市《いち》を妻にし、信長と同盟を結んで、浅井家の全盛期を築く。同盟を破棄して朝倉氏と組んだが、元亀元(1570)年、姉川の戦いで信長に敗れる。天正元（1573）年、小谷《おだに》城で自刃。

朝倉義景《よしかげ》

◆生没年
天文2(1533)～
天正元(1573)年
享年41
◆領地
越前《えちぜん》

足利義昭の打倒信長策に応じる。浅井氏と連盟して信長に反抗したが、元亀元（1570）年姉川の戦いに大敗。天正元（1573）年、本拠地の一乗谷《いちじょうだに》城を攻め囲まれ、自刃した。

幸村誕生

動乱のなかで真田家当主が相次いで死去

永禄10（1567）～天正3（1575）年

北条・上杉との対立の最前線に立つ

信玄の次なる目的、上野国（群馬県）は、北条と上杉もねらう地。幸隆は、上野の吾妻郡《あがつま》の現地指揮者に任命された。

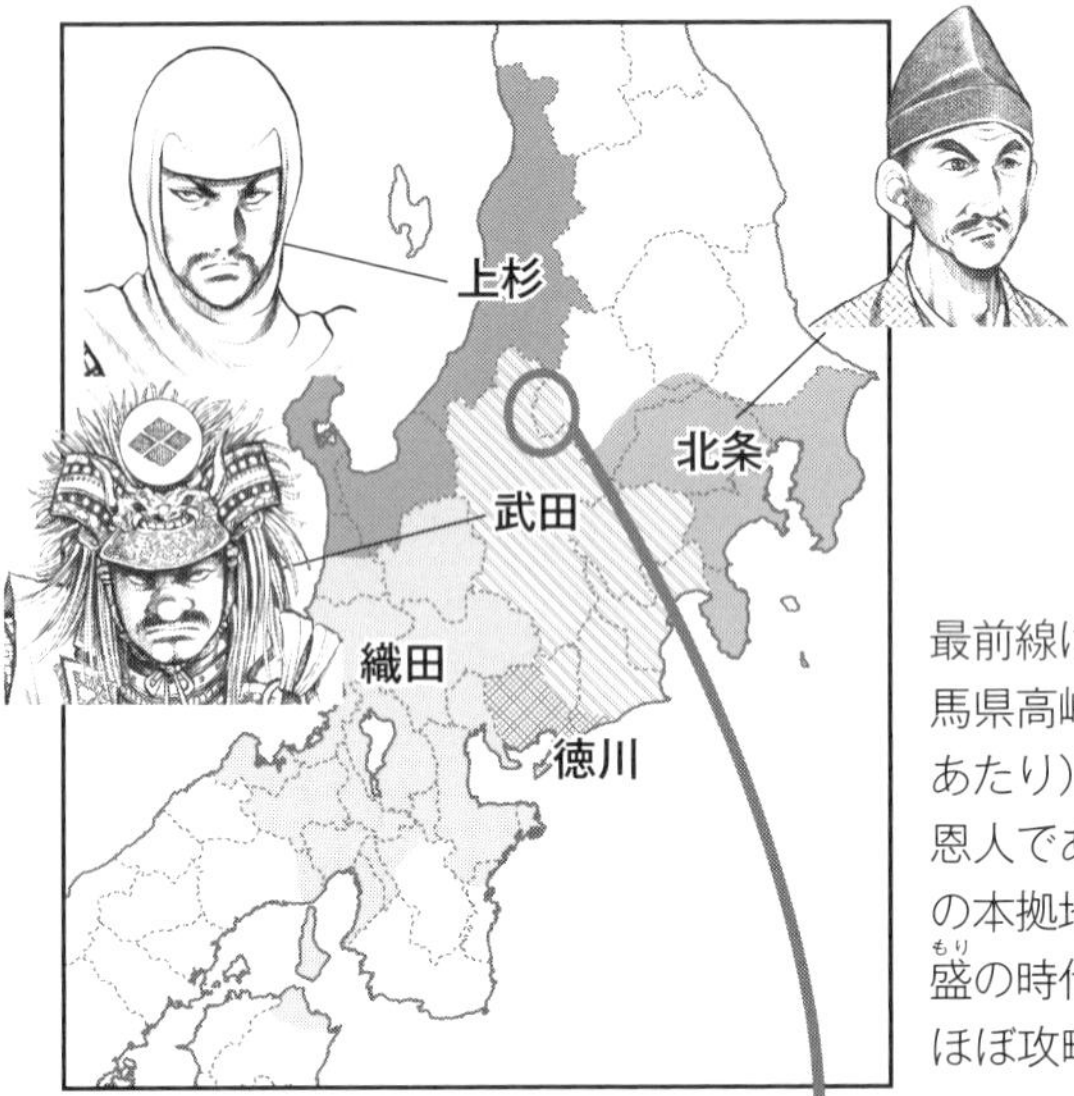

最前線は西上野（群馬県高崎市や前橋市あたり）で、幸隆の恩人である長野業政の本拠地。息子の業盛《なりもり》の時代に、武田がほぼ攻略した。

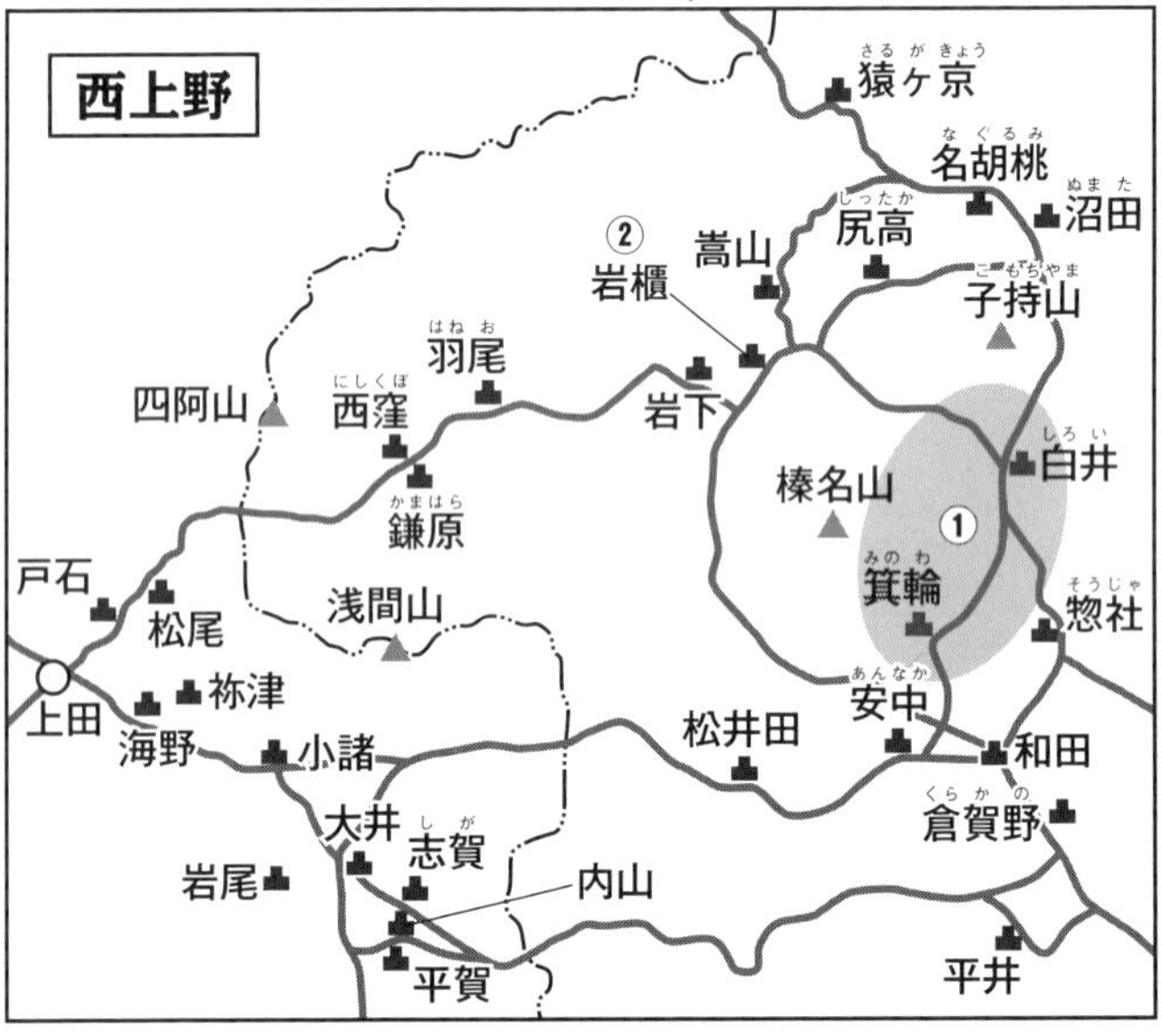

地図は西上野の主な城、要衝。箕輪や白井は幸隆が攻略。沼田や白井は北条や上杉との前線になり、相手方の城になることも。

西上野の現地指揮者として働く

幸隆・信綱父子は西上野の対上杉の最前線にあり、信玄から上杉方の情報収集や攻略地の論功行賞を任される。西上野はほぼ武田のものに。（①～②は P16 下の地図参照）

① 箕輪城、白井城の攻略

箕輪城は、長野業政の本拠地。けわしい地形で守りやすく、何度も力攻めにしたが落とせず、業政の病没後に攻略。白井城は上杉の重臣が守る城。幸隆の計略でわずかな期間で攻略。

西上野を制圧

② 岩櫃城で沼田領の監視

駿河の今川義元が織田信長に敗れ、信玄が駿河に進攻。幸隆は岩櫃城で吾妻郡の防衛と、対上杉・北条の前線となる沼田領の監視や情報収集にあたる。

③ 当主が幸隆から信綱に

幸隆の次の真田家当主は、長男の信綱。相続時期は、従来幸隆の死後とされてきたが、近年は幸隆の存命中という説が有力。幸隆の死去は天正2（1574）年で、相続は元亀元（1570）年ごろか。

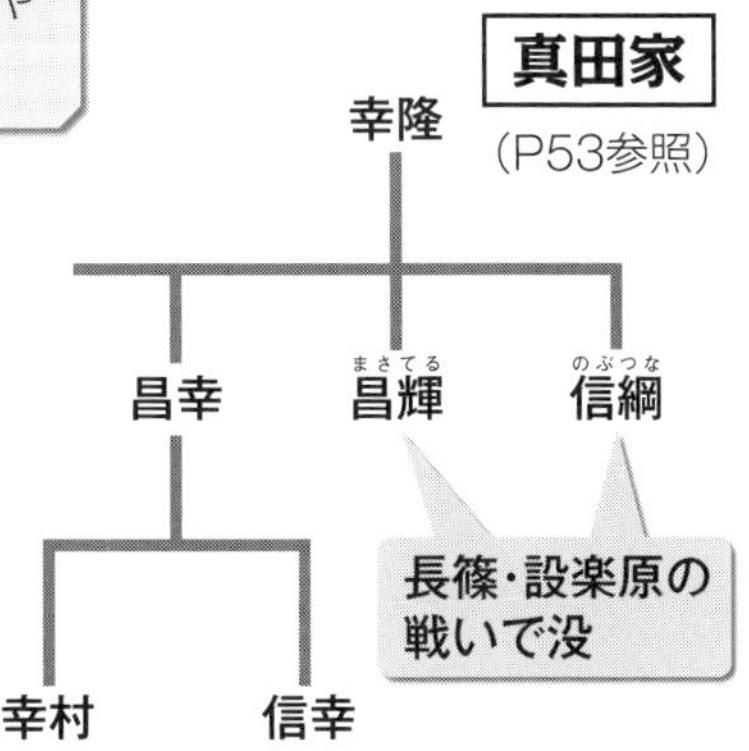
真田家
（P53参照）
幸隆
昌幸
昌輝《まさてる》
信綱《のぶつな》
長篠･設楽原の戦いで没
幸村
信幸

織田信長が美濃を攻め取った永禄10（1567）年、信濃に一人の男子が誕生した。幼名を弁丸《べんまる》。のちの戦国武将・真田幸村（信繁）。幸隆の三男・昌幸の次男で、幸隆の孫にあたる。

翌年の永禄11（1568）年、武田信玄は今川氏の領地・駿河《するが》（静岡県）へ侵攻。幸隆は駿河攻めには加わらず、長男の信綱《のぶつな》が弟の昌輝《まさてる》とともに信玄に従軍し、駿河攻めの先鋒を務めた。

天正元（1573）年、信玄が徳川領の遠江《とおとうみ》（静岡県）侵攻の最中に病死。約1年後の5月19日、幸隆も病にかかり、戸石城で62年の生涯を終える。

信玄の跡を継いだのは四男の勝頼だった。信綱・昌輝兄弟は新たな主君・勝頼に従い、天正3（1575）年織田信長・徳川家康との決戦「長篠・設楽原の戦い」に従軍。しかし、武田軍は大敗し、2人とも戦死してしまう。

真田昌幸

信玄の「眼」ともいわれ、重用される

天正3（1575）～天正10（1582）年

突然、真田家当主を相続

真田家は長男と次男を失ったため、甲府《こうふ》（山梨県）にいた三男の昌幸が実家に戻り、跡を継いだ。当主の仕事とともに、引き続き武田家側近の役職も務めた。

昌幸は、6歳のときから信玄に奉公。才能を高く評価され、信玄の母の実家・武藤《むとう》家の養子に。相続当時は29歳で、信玄の側近武将。

相続前
信玄の一側近として「武藤」姓を与えられる

昇格

相続後
武田の譜代になり真田家を相続する

幸隆には5人の息子がいたが、長男の信綱、次男の昌輝が長篠・設楽原の戦いで戦死。三男の昌幸が家督を継ぐ。昌幸はこのとき29歳。幼いころから信玄の側近を務め、長じて旗本を務めるなど、信玄に信頼されていた。

長篠・設楽原の戦いで織田・徳川連合軍に大敗したあと、武田勝頼は奮闘を続ける。昌幸は勝頼に沼田城攻略を命じられ、これを見事に陥落させた。しかし、武田家の衰えは止まらず、天正10（1582）年3月、織田信長に攻められ滅亡。長篠・設楽原の戦いから7年後のことであった。主家を失った真田家は存亡の危機に立たされた。

周到な準備で沼田を攻める

沼田（群馬県中部）は、北は越後《えちご》、西は上田、南は関東へ通じる交通の要衝地。昌幸は、勝頼から沼田攻略を任され、本拠地を岩櫃城にし、沼田攻略に専念した。

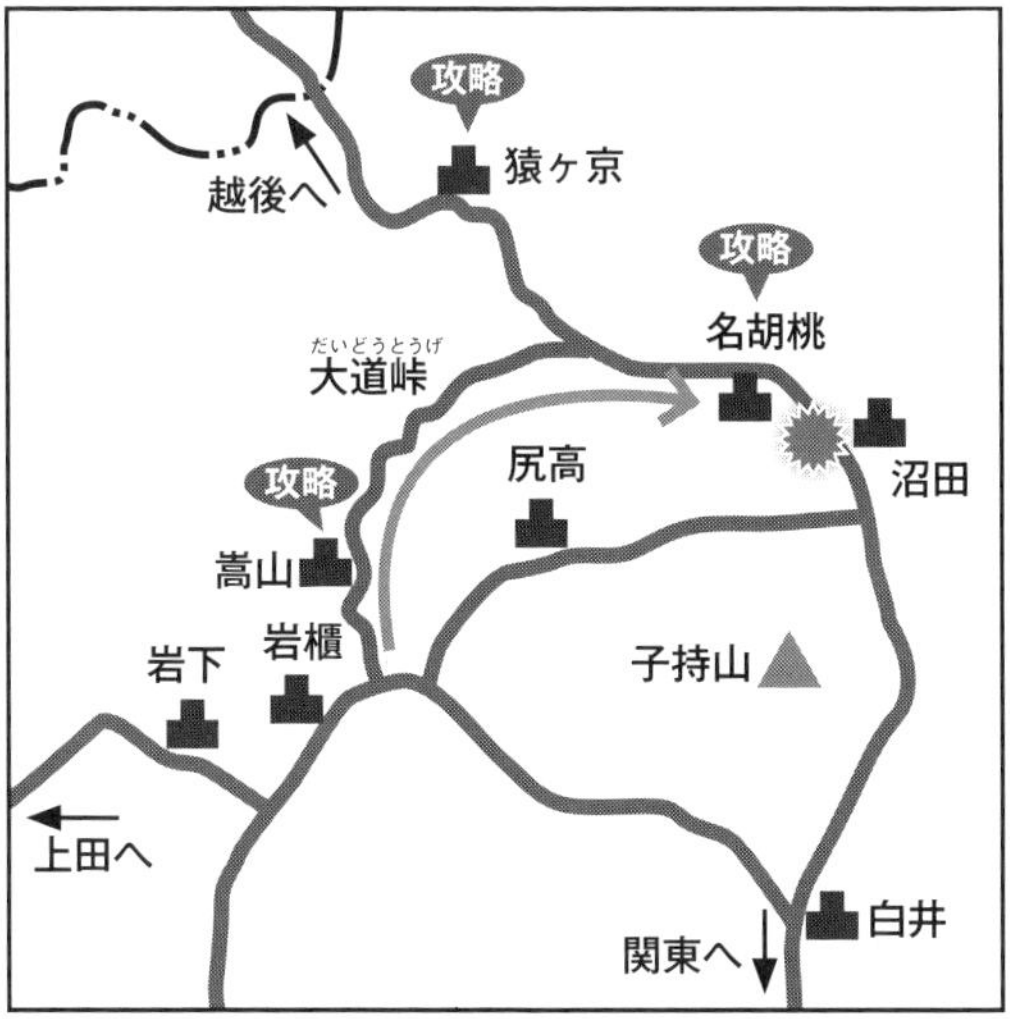

上杉の脅威がなく、北側からの攻略が可能。対岸や北方から外堀を埋めるように侵攻した。

天正6（1578）年
沼田城 関東侵攻の要衝

●城主　**上杉→北条へ**

上杉氏の上野侵攻の拠点で、信玄がねらっていた城。上杉の家督相続争い（御館《おたて》の乱）のさい、北条氏が奪取。

↓

周辺の城を攻略してから攻めはじめる

沼田城は、尻高城など周囲の城に守られる。直進せず、嵩山城から大道峠を越えて侵攻し、猿ヶ京城や名胡桃城から攻略。

↓

昌幸は名胡桃城に本拠を移し、沼田城の攻略を開始。武力では攻略が難しかった。城の重鎮の勧誘工作を進め、成功。３年かけて攻略した。

天正8（1580）年
沼田城攻略

COLUMN

勝頼を岩櫃城に招こうとしたが失敗した

武田の滅亡直前、昌幸は再起を図ろうと、勝頼を岩櫃城へ招いた。しかし諸将は反対し「譜代の小山田信茂《おやまだのぶしげ》を頼るほうがよい」と主張。勝頼は小山田の城へ向かったが、小山田の謀反にあい、天目山《てんもくざん》へ逃れ、自刃した。

現在の岩櫃城跡（P176参照）には「潜竜院跡《せんりゅういんあと》」という御殿《ごてん》跡も残り、逸話がでたらめとは言い切れない。

歴史の舞台裏2

本能寺で信長が横死。混迷を極める戦国後期へ

天正10(1582)年

武田勝頼を滅ぼした織田信長は、天下統一に本腰を入れはじめる。各地へ派兵し、東は跡目争いに揉める上杉を追いつめ、西は毛利《もうり》を数万の大軍で屈服させんとする。

しかし、そこで天下に激震が走る。天正10(1582)年6月2日、京の本能寺《ほんのうじ》に滞在していた信長を家臣の明智光秀《あけちみつひで》が襲撃したのである。天下を目前にしながら、信長は49歳の生涯を業火のなかに閉じた。真田の主家、武田勝頼を切腹に追い込んでから、わずか3か月後のことである。

本能寺の変の急報は、全国の情勢を一変させた。信長の命令により各地で戦っていた織田家の重臣らは撤兵せざるを得なくなる。織田軍に攻められていた大名は胸をなでおろす者、逆に攻勢を強める者、それぞれであった。

変の11日後、羽柴《はしば》(豊臣《とよとみ》)秀吉《ひでよし》が中国から驚異的な速さで戻る。準備が整っていない明智光秀の軍勢と激突した(山崎《やまざき》の戦い)。この大一番は秀吉の圧勝に終わる。

信長の長男・信忠《のぶただ》も京で討ち死にしていたため、信長の敵討ちを果たした秀吉がその事実上の後継者となり織田政権を動かしてゆく。

クローズアップ◆行動

約200㎞を1週間で踏破した「中国大返し」

本能寺の変後、秀吉が備中国高松《びっちゅうのくにたかまつ》(岡山県)から山城国《やましろのくに》山崎(京都府)まで、全軍を大移動させたことを「中国大返し」という。

距離にして、約200㎞。移動期間はわずか7日間。徒歩で軍隊を移動させるという、驚くべき大強行軍だった。

◘全国の武将や大名の勢力が反転する◘

本能寺の変により、全国が混乱する。真田家の領地は織田の家臣・滝川一益《たきがわかずます》がまとめていたが、この混乱により撤退。再び真田家は大名の争いに巻き込まれることに。

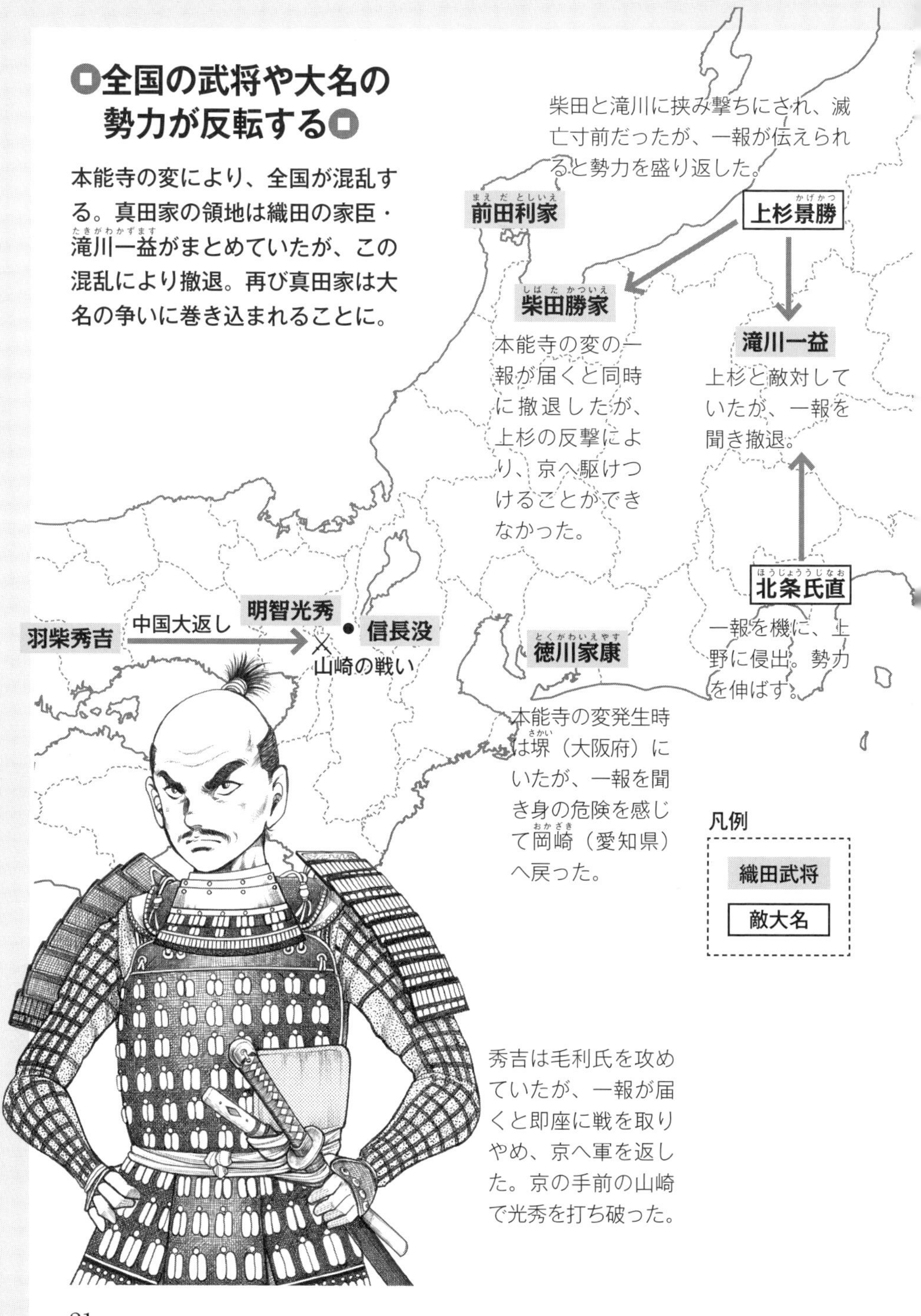

柴田と滝川に挟み撃ちにされ、滅亡寸前だったが、一報が伝えられると勢力を盛り返した。
前田利家《まえだとしいえ》
上杉景勝《かげかつ》
柴田勝家《しばたかついえ》
本能寺の変の一報が届くと同時に撤退したが、上杉の反撃により、京へ駆けつけることができなかった。
滝川一益
上杉と敵対していたが、一報を聞き撤退。
北条氏直《ほうじょううじなお》
一報を機に、上野に侵出。勢力を伸ばす。
羽柴秀吉
中国大返し
明智光秀
信長没
山崎の戦い
徳川家康《とくがわいえやす》
本能寺の変発生時は堺《さかい》（大阪府）にいたが、一報を聞き身の危険を感じて岡崎《おかざき》（愛知県）へ戻った。
凡例
織田武将
敵大名
秀吉は毛利氏を攻めていたが、一報が届くと即座に戦を取りやめ、京へ軍を返した。京の手前の山崎で光秀を打ち破った。

混乱の青年期

上杉・北条・徳川に挟まれ、生き残りを模索

天正10（1582）年

天正10（1582）年3月、織田・徳川連合軍の侵攻で武田が滅亡し、真田家は織田信長に従属する。真田家の当主・昌幸は上野（群馬県）の吾妻郡・利根《とね》郡や、信濃の小県郡などの所領を安堵《あんど》（保障）された。長男・信幸は17歳、幸村が16歳を迎えた年である。

しかし、6月に信長が本能寺で横死《おうし》したため、関東に派遣されていた織田家家臣の滝川一益《たきがわかずます》が撤退。武田の遺領は空白化する。それを巡り、上杉・北条・徳川の3家が争いをはじめる。その巨大な3勢力の争いに巻き込まれる形となった昌幸は、真田家存続をかけ、知恵を凝らすのであった。

3大名が旧武田領を奪いあう

武田家の旧領を巡って、上杉・北条・徳川が争いをはじめる。信濃や上野、甲斐で昔から所領にしていた武将（国衆）に向けて、所領を保障して臣従を促す「安堵（宛行《あてがい》）合戦」を展開した。

地図は、3大名が自領と考えた範囲（『上田小県誌』第1巻歴史編上、二）。真田家の本拠地小県郡は、3大名が奪いあう土地に。

臣従と裏切りを繰り返し、「表裏比興《ひょうりひきょう》の者」に

昌幸は真田家存続のために、情勢を巧みにとらえ、有力な大名に臣属した。

天正10（1582）年3月

武田家滅亡

北条に臣属を打診
昌幸は勝頼が死去する前に、北条に臣属（家臣になること）を打診。事前に武田の滅亡を察知していたのかもしれない。

3月
北条から臣属をすすめられる
勝頼の死去の翌日、昌幸のもとに北条家から臣属をすすめる書状が届く。

4月
織田へ臣属
織田信長が、天下統一に乗り出す。信濃・上野をまとめていたのは織田家臣、滝川一益。昌幸は、滝川を通じて信長に馬を贈り、臣属を表明した（P82 参照）。

6月2日
本能寺の変勃発
（P20 参照）

信長急死

信長が明智光秀に急襲され死去。6月13日、光秀は山崎で羽柴秀吉に討たれる。

7月
北条へ臣属
織田の勢力が衰えたのを機に、北条が信濃・上野に侵攻。昌幸は武田滅亡前の経緯もあり、北条への臣属を表明する。

9月
徳川へ臣属
突然徳川に臣属。武田家臣だった佐久《さく》郡の依田信蕃《よだのぶしげ》や、昌幸の弟であり徳川家臣の信《のぶ》尹《ただ》のすすめがあり、将来を見越したためか。

10月末
徳川と北条がいったん和議を結ぶ
信長の息子・信雄《のぶかつ》と信孝《のぶたか》により、徳川と北条に和議が成立。その条件の1つが「甲州《こうしゅう》（甲斐国）都留郡と信州《しんしゅう》（信濃国）佐久郡を真田に、上野沼田の地を北条に」というもの。昌幸には容認できない条件だった。

沼田領を一部奪われる危機

人質生活

はじめは上杉家、のちに豊臣家と真田家を結ぶ絆に

天正10(1582)～天正13(1585)年

◘苦境に立たされる真田家◘

徳川と北条の和議により、昌幸は父や兄が心血注いで手に入れた沼田領を手放す必要に迫られていた。

天正12(1584)年
小牧《こまき》・長久手《ながくて》の戦い

織田信長の次男・信雄が家康と組み、羽柴秀吉と対立。家康と秀吉も敵対し、尾張（愛知県）の小牧・長久手で激戦を繰り広げた。

No!

昌幸
沼田の割譲を拒否

北条は、和議の条件に沼田の譲渡を求めていた。家康は昌幸に沼田を渡すよう命じたが、昌幸は拒絶。

手を組む

徳川家康は、秀吉と戦うさいに背後の憂いをなくす必要から、北条氏直と和議を結んだ。

上杉家への臣属を打診する

家康と断交した昌幸は、上杉景勝に近づいた。幸村が人質となり、景勝は臣属を受け入れた。

COLUMN

人質は信頼の証

戦国時代、武士は臣属したり服従したりするときに、妻や子どもを相手に預けて、裏切らない証とした。裏切れば人質は処刑されるが、平時は館や寺などの住まいを与えられ、粗略に扱われることはなかった。

人質の子どもは、「出仕《しゅっし》」といって政務見習いとして扱われ、預け先から教育を受けることも。家康も、幼いころに人質として出仕した経験をもつ。

＊旧暦では１年が13か月になる年がある。くり返される月を閏○月とした。

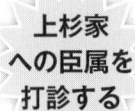

幸村の元服はこのころ？

幸村の幼名は弁《べん》（弁丸《べんまる》）。上杉家在留中は元服前で、書状に弁の名が残る。豊臣家へ出仕後は、信繁や左衛門佐《さえもんのすけ》の名を使った。上杉から豊臣に移るあいだに元服をすませたようだ。

天正13（1585）年閏《うるう》*8月

第一次上田合戦

真田軍は徳川軍の４分の１程度だが、上杉の援軍も上田に到着。徳川軍は大軍で上田城に迫ったが、大損害を被って撤退。

同年11月ごろ

幸村、秀吉へ出仕

合戦後も徳川軍が信濃に滞在したため、昌幸は危機感を抱き、秀吉に救援を求めた。その見返りとして、幸村は秀吉に出仕した。

幸村は上田合戦時、19歳。上田合戦の直前に、景勝に援軍を頼んだ。その約３か月後には、豊臣家の大坂城に出仕。

真田昌幸は、沼田城を奪回して上野の拠点とし、守りを固めた。さらに翌年、新たに信濃での真田家の拠点を確保しようと上田城を築きはじめる。

徳川・上杉・北条の争いのなか、昌幸はその都度有利な勢力に味方し、家の安泰を図った。すべては真田家の家臣団や領民を守るためだ（P23参照）。

翌天正12（１５８４）年、「小牧・長久手の戦い」のさい、昌幸は徳川に従属。戦後、徳川家康は北条氏との交渉のなかで、沼田城を北条へ渡すよう昌幸に命じた。しかし、昌幸はこの理不尽な要求を拒否。徳川との手切れを決断した昌幸は、次男の幸村を人質として送り、上杉景勝に従属する。

翌年８月、徳川軍は真田家を倒そうと７０００の兵で上田城を攻撃。上杉の援軍も得た昌幸は、２０００の小勢で返り討ちにし、その名を轟かせた。

幸村の初陣

北条に名胡桃城を攻め取られ、小田原攻めの引き金に

天正14（1586）～天正18（1590）年

天正14（1586）年には、北条氏直の軍勢が沼田城を攻撃してきたが昌幸はこれを撃退している。徳川家康とは先の上田合戦以来、緊迫した関係にあり、家康は再度上田攻めに出陣。

秀吉がその調停に乗り出し、上田攻めを中止させた代わりに、家康の配下になるよう昌幸に命じた。昌幸はやむなく従い、その証として長男の信幸と、家康の重臣・本多忠勝《ほんだただかつ》の娘・小松殿《こまつどの》を結婚させる。一方、大坂の幸村は秀吉の家臣・大谷吉継《おおたによしつぐ》の娘（竹林院《ちくりんいん》）を妻に迎えた。真田兄弟で豊臣・徳川両家と政略結婚したことになる。

しかし、秀吉に従わない北条家の家

◘北条の城を攻略しながら進攻◘

昌幸・信幸・幸村は、上杉景勝や前田利家の軍勢に参陣。連合軍は上野の北条方の城を攻略しながら、北条の本拠地、小田原《おだわら》へ向けて軍を進めた。

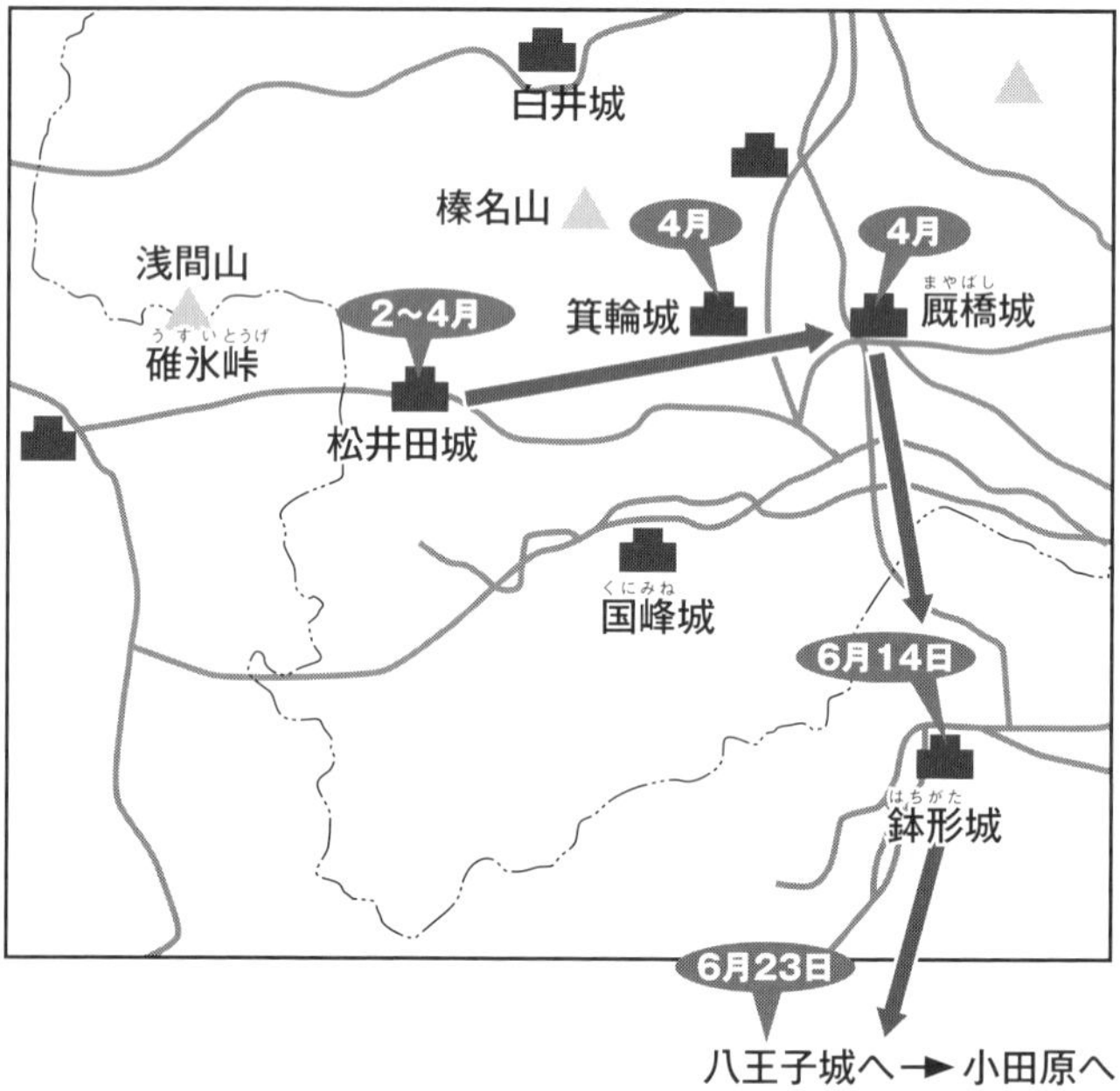

◘幸村の初陣は松井田城攻略か？◘

「信繁（幸村）」が戦いに参加したことが、はじめて史料に表れるのが、小田原攻めの松井田城の攻略。当時 24 歳と、武将の初陣としては遅め。

臣が真田家の名胡桃城を奪取。激怒した秀吉は北条の拠点・小田原攻めを開始。これに昌幸・信幸・幸村も従軍した。

真田軍が道中の偵察を務め、碓氷峠で待ち構えていた北条軍と激しい戦闘に。幸村は敵軍に突っ込み活躍。連合軍はその勢いで松井田城に迫り、城を攻略した。

秀吉の死

朝鮮出兵の最中に死去。家康の台頭がはじまる

文禄元(1592)～慶長5(1600)年

秀吉は北条氏を降伏させ、奥州（東北）も従えて天下統一を果たす。北条の遺領・関東を徳川家康に与え、全国の大名の配置替え（移封《いほう》）を行った。

信濃の大名もほとんどが関東などへ移封となるなか、真田昌幸は信濃の小県郡を安堵された。これは秀吉が昌幸を高く評価していたからといわれる。

文禄元（1592）年、秀吉の命令で朝鮮出兵が開始。真田父子も九州名《な》護屋《ごや》に在陣したが、渡海はしなかった。慶長《けいちょう》3（1598）年、秀吉が病死。2年後、五大老筆頭の徳川家康は謀反の動きを見せる上杉の討伐へ向かう。真田家もそれに従い、関東へ向かった。

信幸が分家になる

昌幸は、天正 17（1589）年に沼田城を北条に渡したあと、信幸に上野の支配を任せていた。翌 18 年、豊臣政権になり、分担統治ではなく父子それぞれの領国に。

昌幸
小県郡（上田領）支配
豊臣家臣

それぞれ別の大名として領地を支配

信幸
吾妻郡（沼田領）支配
徳川家臣

真田領は、天正17(1589)年以来分担統治されていた。18年に改めて家康から信幸に沼田が安堵され、正式に分家として扱われるように。

真田家父子も上杉攻めへ

家康は上杉景勝に上洛を促したが、景勝が応じなかったため会津攻めを決意。真田家は会津攻めに参加せざるを得ず、幸村は昌幸とともに出陣した。

秀吉
死去後
家康
まずは上杉を討つ……
上洛拒否
会津攻め
景勝
昌幸・幸村
上田城から
犬伏へ着陣
上田
沼田
犬伏
信幸
沼田城から
江戸の
秀忠軍へ参陣
江戸
秀忠軍
好機！
大坂
家康軍
上杉の討伐へ
向かう

豊臣方の大名は
家康打倒の計画を立てる

石田三成《いしだみつなり》をはじめ豊臣恩顧《おんこ》の家臣は、家康の台頭を快く思っていなかった。反家康軍を組み、着々と挙兵の計画を進めた。

昌幸と幸村は家康の命で、下《しも》野犬伏《つけいぬぶし》に着陣。信幸は江戸へ向かい、秀忠《ひでただ》の軍に参陣した。

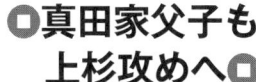

兄と敵味方に分かれたのは一族の血を残すため

慶長5(1600)年

◘戦いがどうなろうと家の不利にはならない◘

真田家にとって最も重要なのは、血を残すことと本拠地（上田地方）を確保すること。犬伏での密談により、父兄弟が敵味方に分かれることを決断した（犬伏の別れ）。

東軍（徳川方）

信幸

信幸は東軍。家康に出仕し、徳川家臣として沼田城主となったことや、徳川の重臣・本多忠勝の娘を妻にしたことから。

↓

家康から小県郡を約束

西軍（豊臣・石田方）

昌幸、幸村

真田本家は西軍。昌幸は、秀吉の援助を受けた恩のため。幸村は秀吉に出仕したためと、三成の取り持ちで大谷吉継の娘を妻にしたため。

↓

三成から信濃一国を約束

最低でも旧領は保障された

昌幸は三成を通じ豊臣秀頼《とよとみひでより》から、信幸は家康から、戦後の恩賞を約束された。戦いの結果にかかわらず、真田家は残る。

◘時間稼ぎ戦略が功を奏す◘

徳川の大軍に対し、真田軍は少数。全面勝利ではなく、徳川軍の滞在を延ばし、西軍に有利にさせるのが目的。策は戦の前からはじまった。

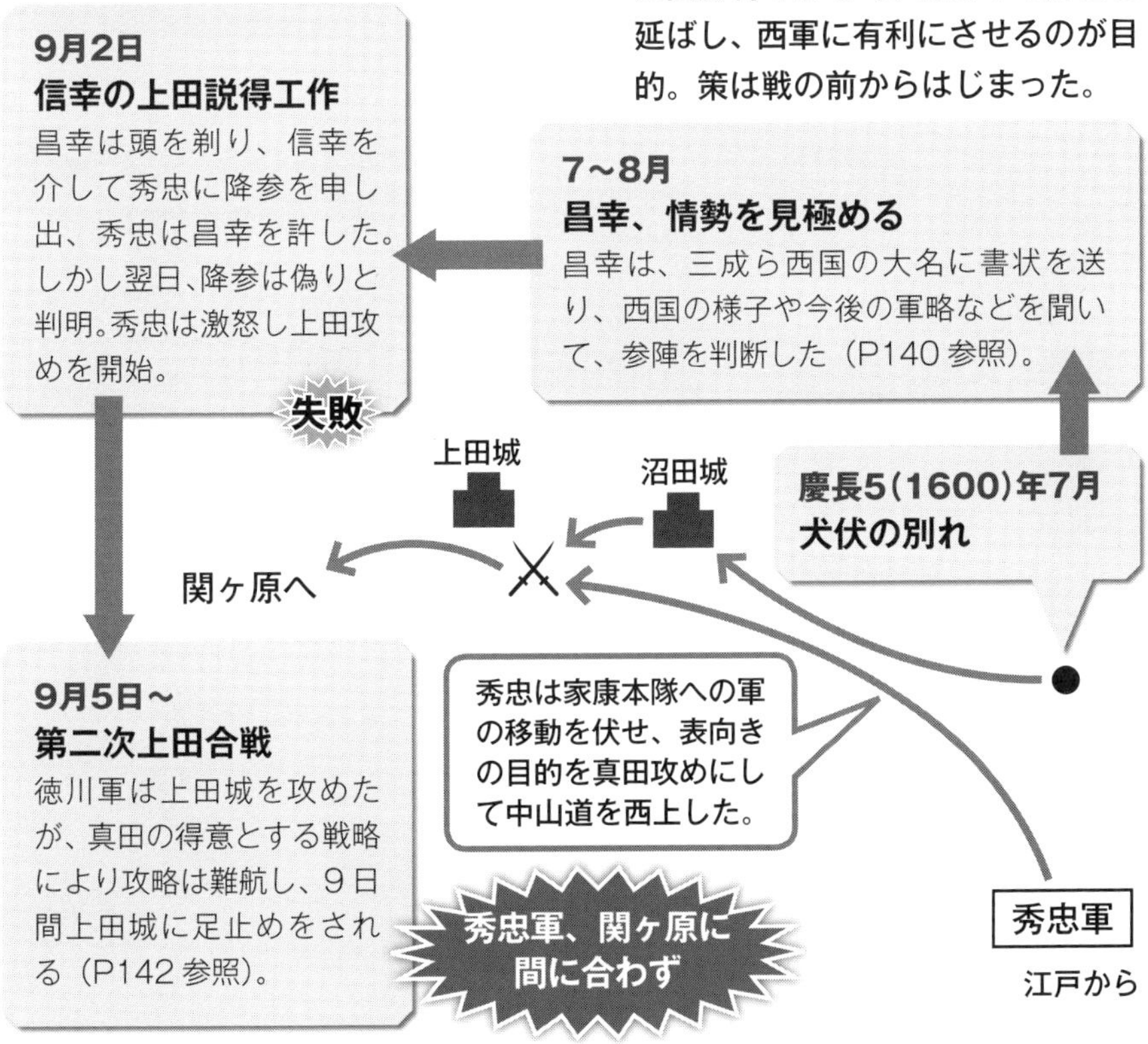
9月2日
信幸の上田説得工作
昌幸は頭を剃り、信幸を介して秀忠に降参を申し出、秀忠は昌幸を許した。しかし翌日、降参は偽りと判明。秀忠は激怒し上田攻めを開始。
失敗
7～8月
昌幸、情勢を見極める
昌幸は、三成ら西国の大名に書状を送り、西国の様子や今後の軍略などを聞いて、参陣を判断した（P140参照）。
上田城
沼田城
慶長5（1600）年7月
犬伏の別れ
関ヶ原へ
9月5日～
第二次上田合戦
徳川軍は上田城を攻めたが、真田の得意とする戦略により攻略は難航し、9日間上田城に足止めをされる（P142参照）。
秀忠は家康本隊への軍の移動を伏せ、表向きの目的を真田攻めにして中山道を西上した。
秀忠軍、関ヶ原に間に合わず
秀忠軍
江戸から

家康は、このとき豊臣の家臣筆頭として多くの大名を引き連れ、会津の上杉攻めに向かった。しかし、家康が大坂を出発して会津へ向かうと、空になった大坂で石田三成が挙兵し、昌幸にも加勢を求めた。

家康は三成の挙兵を知ると、下野《しもつけ》（栃木県）小山《おやま》で進軍を停止。軍議のあと、そこから西へ転進して石田三成率いる西軍と関ヶ原で激突した。

ほとんどの大名は家康に従ったが、真田昌幸と幸村は家康のもとを離れ西軍に与《くみ》し、上田城へ帰った。西軍首脳陣との姻戚関係や徳川との因縁もあったからだ。代わりに長男・信幸が東軍に与し、真田家は敵味方に分かれた。

昌幸・幸村は上田城に攻め寄せる徳川秀忠《ひでただ》の軍勢を撃退し、足止めに成功（第二次上田合戦）。2度までも徳川軍を打ち破って名を高めたのだが……。

寂しい壮年期

父を見送り、14年間九度山で牢人として生活

慶長5（1600）～慶長19（1614）年

上田城での真田軍の奮戦も虚しく、関ヶ原で西軍が敗北。それにより、真田昌幸と幸村親子は敗軍の将となる。勝利した家康は、上田領の没収と親子への死罪を命じた。しかし信幸とその義父である本多忠勝《ほんだただかつ》（家康の重臣）の必死の嘆願により、2人は一命を助けられ、紀伊《きい》（和歌山）高野山《こうやさん》への流《る》罪《ざい》を命じられた。

幸村が妻を伴っていたため、当時女人禁制だった高野山には入れなかった。そこで親子は、麓の九《く》度山《どやま》に建てられた屋敷で軟禁生活を送ることに。11年後、昌幸はそ

日々の生活費に悩む

九度山へは、家族や家臣 16 人、下女などの小者が付き添った。大所帯を支える資金源はもたなかったため、外の援助に頼っていた。

定期的

江戸・上田

真田父子の監視役で紀伊藩主・浅野幸長《あさのよしなが》から、毎年50石が送られた。上田からも、毎年定額の仕送りがあった。

臨時

上田

一族や家臣から、臨時の仕送りも。お金以外に、米や布、ろうそくなど、品物が送られてくることもあった。

↓

九度山の昌幸・幸村へ

家臣を使いにして催促をすることも

借金の返済に追われ、臨時に資金を要請する催促状が残る。仕送りの催促で、江戸や上田に家臣を使いに出したりした。

江戸へ　**上田へ**

昌幸と幸村の忍耐の日々

関ヶ原の西軍大名の刑罰

刑の重さ

重 ↕ 軽

死罪　斬首《ざんしゅ》、自刃《じじん》（切腹《せっぷく》）など。石田三成などの首謀者や、主力となった大名が多い。

流罪（配流《はいる》）　追放刑。最も重いのは八丈島などへの島流し。高野山で蟄居《ちっきょ》（謹慎）のほか、薩摩《さつま》（鹿児島県）や陸奥《むつ》（東北）の大名の預かりとなった者も。

真田父子はコレ

改易《かいえき》　領地や城、屋敷のはく奪。牢人《ろうにん》（主を失った流《る》浪《ろう》の武士）になったり大名の家臣になったりした。

減封《げんぽう》　領地の削減。領地の移動（移封）と一緒に行われる。上杉景勝や、西軍の総大将・毛利輝元《てるもと》など。

２人は厳しい配流生活のなか、罪が許されることを強く願っていた。信幸らが放免活動を続けたが、歳月ばかりがすぎていった。

幸村は、夜遅くまで兵書を読み、昌幸と兵書の問答をし、武将としての志を忘れなかった。

こで65年の生涯を終えた。

上田は沼田とともに信幸に与えられた。信幸は約10万石の大名となり、名を信之へ改めた（昌幸の幸の字を避けた）。

COLUMN

父の葬儀を行えなかった信幸

父の逝去を知った信幸は、徳川重臣の本多正信《まさのぶ》に父の葬儀について相談した。正信は「徳川幕府の許可を得よ」と助言した。

昌幸は、関ヶ原の戦いで秀忠に痛手を負わせた敵将。信幸も大名とはいえ、敵将の血縁として幕府に疑われ、取り潰しにあう恐れが常につきまとった。強大な幕府の前には、親子の自然な愛情すら許されなかったのだ。

歴史の舞台裏3

戦国末期、家康の圧力に耐えかね、豊臣家が挙兵

慶長19（1614）年

関ヶ原の戦いから3年後、徳川家康は江戸幕府を開き、政治権限は豊臣から徳川に移った。

当初、家康は豊臣家を潰そうとまでは考えておらず、良好な関係を維持して日本を治める気だったようである。事実、孫娘の千姫《せんひめ》（秀忠の娘）を秀頼に嫁がせ、秀吉を祀る豊国神社《とよくにじんじゃ》の祭礼も許した。

しかし、70歳をすぎた家康は大坂城の豊臣家がいまだ諸大名に影響力を失わずにいることを恐れた。豊臣家が健在な状態では、泰平の世の到来は難しいと考えたのだ。

慶長19（1614）年4月、家康は豊臣家が修復していた京都の方広寺《ほうこうじ》に納めようとした梵鐘《ぼんしょう》の銘文に「不吉な語句がある」と問題視し、それを口実に豊臣討伐の兵を起こした。

かねてより、徳川が豊臣を攻めるうわさはあった。豊臣側も戦に備え、つながりが深い大名や全国に潜む牢人たちに使者を送り、兵を集めはじめる。大名で馳《は》せ参じる者はなかったが、「関ヶ原」で西軍に与したため敗軍の将となり、領地を取り上げられ、やむなく野に下っていた牢人衆が集まり、その数は10万人まで膨れ上がった。

クローズアップ◆事件

鐘の文章に不審あり!?

秀吉が建立した方広寺が、文禄《ぶんろく》4（1595）年の地震で崩壊。家康のすすめで秀頼が再建し、落成の儀式を行おうとした。

しかし秀頼が奉納した釣り鐘の銘文「国家安康」「君臣豊楽」が、家康を呪い、豊臣の繁栄を願うものとみなされ、家康に儀式の延期を命じられる。さらに家康は、牢人の雇い入れをとがめ、秀頼の移封（領地の移動）を示唆した。

◘秀頼と家康が天下人を争う◘

家康は、自身の目が黒いうちに、なにかと目障りな秀頼を完全に倒そうと、機会をうかがっていた。

豊臣秀頼

徳川家康

徳川は政権を豊臣家に戻す気がない
将軍職を秀忠が受け継いだことで、秀頼は政権を徳川家が代々握り、豊臣家に政権を戻すつもりがないことを知る。

→ 気づく →

征《せい》夷《い》大将軍《たいしょうぐん》を秀忠に譲る
家康は、慶長8(1603) 年に征夷大将軍に任ぜられるも、2年で息子の秀忠に将軍職を譲る。自身は引退後も「大御所」と呼ばれ、実権を握る。

↓

- **●秀頼の江戸参勤**
- **●淀殿を江戸へ（人質）**
- **●秀頼の国替え**

豊臣家を江戸幕府下の一大名にしようと、秀頼に条件を提示した。

← 要求 ←

拒否
徳川から提示された条件をすべて拒否。天下人たる姿勢を見せた。

↓

方広寺の再建と鐘の寄進

← **方広寺鐘銘《しょうめい》事件** ←

鐘銘に不審あり

武力衝突も辞さない状況に

大坂入城

死を覚悟のうえ入城。献策するも疎んじられる

慶長19（1614）年

豊臣家の使者は、紀伊九度山で蟄居《ちっきょ》していた真田幸村の下にも急行した。豊臣家は幸村に支度金として黄金200枚、銀30貫（現在の価値で約9億円）を届けた。このまま朽ち果てる覚悟もしていた幸村には、願ってもない話である。国許《くにもと》（信濃上田）にいる父・昌幸の旧臣に呼びかけ、兵を集めると九度山を脱出し、息子の大助《だいすけ》（幸《ゆき》昌《まさ》）とともに大坂城へ入った。

大坂城で開かれた軍議で、幸村ら実戦経験のある牢人衆は出撃策を進言。しかし、大野治長《おおのはるなが》を中心とした豊臣家の重臣たちはそれを退け、籠城策《ろうじょうさく》をとることが決まった。

わずか5日間で大坂へ

九度山から大坂へは、わずか5日間で到着。その間に、付き従う兵の数はさらに増していた（P145参照）。幸村の九度山脱出と大坂入城は、すぐさま高野山を通じて徳川方に伝えられた。

慶長19(1614)年8月
方広寺鐘銘事件

家康から鐘銘をとがめられた豊臣方は、弁明の使者を出したが面会できず、秀頼の移封を示唆される。

10月1日
徳川大名に出兵命令、大坂挙兵決断

徳川は諸大名に出兵を命じる。大坂城では、会議で挙兵が決断され、本格的に牢人を募集して戦の準備をはじめた。

10月9日
幸村九度山脱出

九度山に大坂城からの使者が訪れる。幸村は早速承諾し、九度山を出発。

10月14日
大坂入城

大坂城に入った幸村は、兵の旗やよろいなどを上下赤色一色でそろえていた(P145参照)。

11月上旬
牢人集結

大坂城に集まった牢人は、約10万に達したという。

12月4日
大坂冬の陣
真田丸の戦い

大坂の陣直前

最も脆弱な場所に築いた真田丸が攻守の要に

慶長19(1614)年

籠城戦と決まったからには全力を尽くすしかない。幸村は大坂城の弱点とされる城の南東、玉造口《たまつくりぐち》の外に布陣。そこに「真田丸《さなだまる》」を築くという提案だけは通した。「幸村の兄（信幸）は徳川軍にいる。内応するのだろう」という流言も飛ぶなか、疑いを晴らすため、敵中に孤立するも同然の出城を築く。

実際、南側には最も多くの東軍が集結し、後方には総大将の徳川家康・秀忠の本陣も置かれた。また、そのなかには幸村の叔父・信尹《のぶただ》のほか、信幸の息子、信吉《のぶよし》と信正《のぶまさ》がいた。

徳川軍は約20万、豊臣軍は約12万。乱世最後の大戦が幕を開けた。

真田の武略を発揮する策

幸村は、上田合戦や小田原攻めの経験から、大坂城でいかに真田の得意な戦い方をするかを考えた。

真田の得意な戦略

敵方を味方につける調略 ＋ **大軍を引き寄せて攻撃する戦法**

内応工作
敵の有力武将を恩賞などで釣って味方につけ、裏切らせる。

噂
敵にうその情報を流して混乱させる。敵の士気を下げたり動きを操ったりする。

出城があれば、大坂城を直接攻撃されず、敵の攻撃を引きつけられる

真田丸
敵の動きを見渡せて、敵の攻撃目標になりやすい位置に出城を設けた。

敵を引き寄せ、支えられる出城を築く

当時の大坂城は、川や沼田に囲まれた天然の要害。幸村は、大坂城の南が主戦場になると考え、そこに出城「真田丸」を設けて戦うことにした。

決戦を前に、木津川口《きづがわぐち》の戦いなど、川の制水権や砦の制圧をかけた前哨戦が大坂城周囲で繰り広げられた。いずれも大坂方が敗退している。

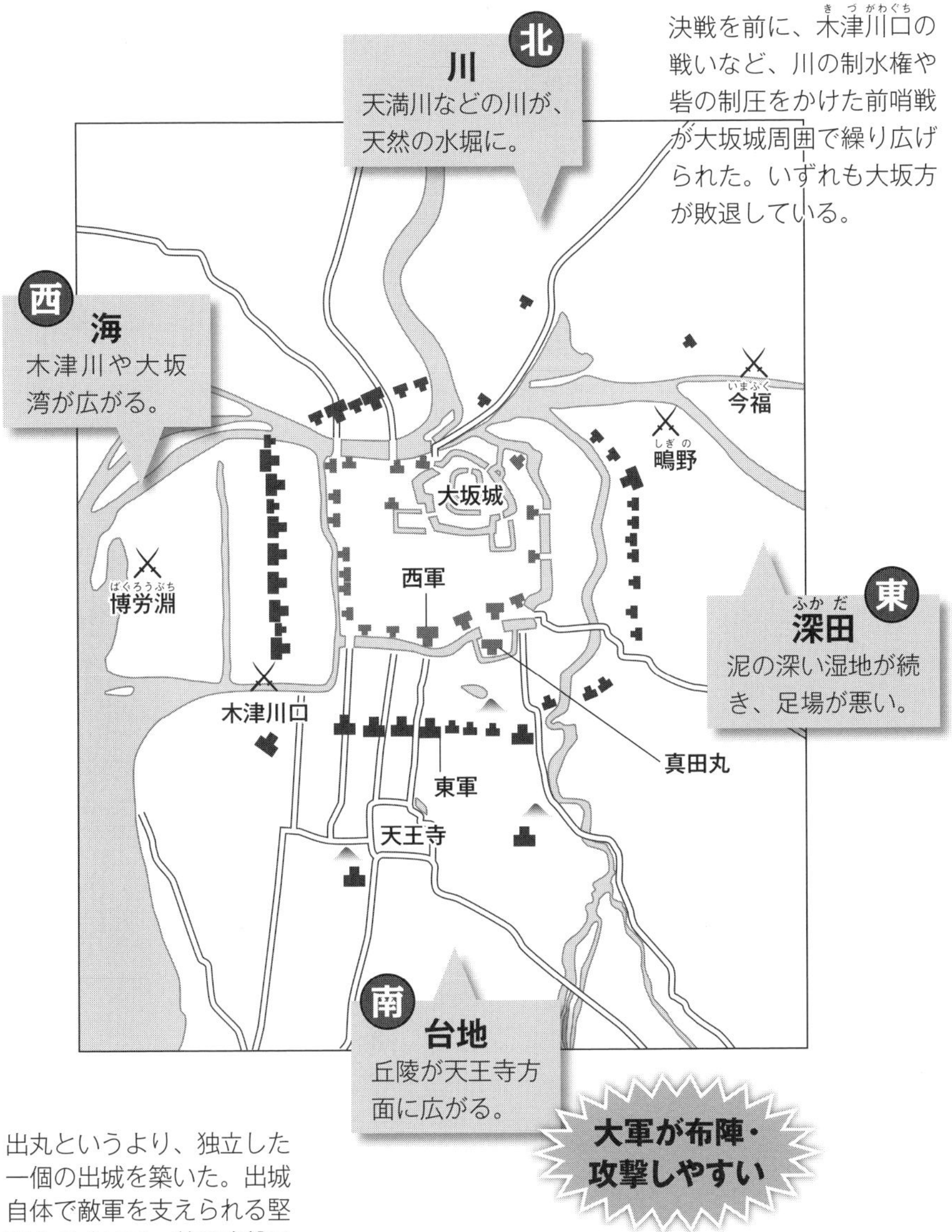
北
川
天満川などの川が、天然の水堀に。
西
海
木津川や大坂湾が広がる。
今福《いまふく》
鴫野《しぎの》
大坂城
西軍
博労淵《ばくろうぶち》
木津川口
東
深田《ふかだ》
泥の深い湿地が続き、足場が悪い。
真田丸
東軍
天王寺
南
台地
丘陵が天王寺方面に広がる。
大軍が布陣・攻撃しやすい

出丸というより、独立した一個の出城を築いた。出城自体で敵軍を支えられる堅固なつくりで、敵の攻撃目標になりやすく、敵の攻撃を引きつけた。

出城を設けて敵を引き寄せる戦法

大坂冬の陣

真田丸の攻防で、徳川軍に多くの死者を出す

慶長19（1614）年

◘真田丸に敵を引きつけ、痛撃を与える◘

真田丸の前には、3 倍の敵兵が押し寄せた。真田兵は「真田の戦法（P152 参照）」で、徳川軍に痛撃を与えた。

そのころ大坂城では

城内は主戦派と講和派で対立していた。秀頼、淀殿は真田丸の活躍もあり、あくまで戦おうという強硬な態度を崩さなかった。しかし、それも家康の次の作戦で揺らぐことになる。

家康に講和を考えさせるほどの大損害を与える

徳川軍は、統制を失ったまま城ぎわへ殺到。撤兵を命じられても、兵は真田丸からの銃弾や柵によって退却できなかった。

前田利常　約1万2000

松平忠直《まつだいらただなお》　約1万

300騎　死傷　480騎

雑兵も多数失う

松平隊と前田隊が、真田丸を正面から攻め、大損害を被った。秀忠が家康に総攻撃を申し入れるも、家康は許可せず、講和へ持ち込むことを考えた。

いったん講和へ持ち込む

家康率いる東軍は続々と大坂城周辺に集結し、城の包囲にかかった。

西軍も、ただ手をこまねいていたわけではなく、接近を食い止めようと城周辺で東軍を迎え撃った。西側の木津川口、北の鴫野《しぎの》や今福、野田《のだ》、福島《ふくしま》などで両軍は激突した。しかし、寄せ集めの牢人衆を中心とした西軍はまとまりを欠き、各地で敗北する。10日あまりで城周辺の砦を捨て、東軍の大坂城接近を許すことになった。

12月4日、大坂城の南に完成した真田丸の正面には前田利常《まえだとしつね》・南部利直《なんぶとしなお》・井伊直孝《いいなおたか》・榊原康勝《さかきばらやすかつ》など2万近い軍勢が押し寄せ、幸村は6000の兵でこれを迎え撃った。そして陽動作戦により、徳川軍に大打撃を与えて勝利する。

この奮戦により、力攻めが難しいことを改めて悟った家康は、包囲を続けつつ別の作戦を立てはじめた。

大坂冬の陣講和

家康の言葉に乗せられ、堀と真田丸を破壊される

慶長19(1614)年

巧妙な講和策にはまった大坂方

家康の策は、何重にも巡らされていた。講和の条件は当初に比べて譲歩されたように見えるが、策のはじまりだった。

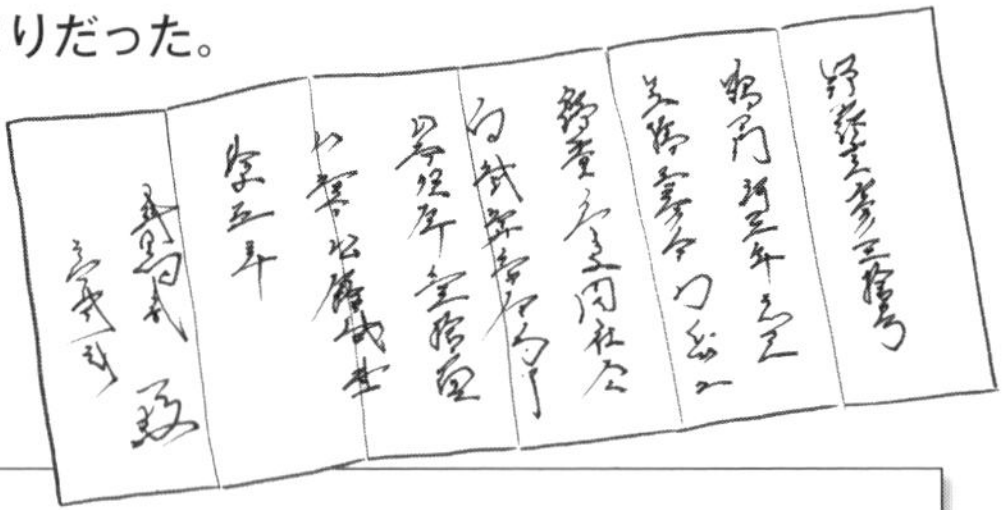

一、大坂城は本丸だけを残して、二の丸、三の丸を破却する

一、淀殿を人質として関東に下向させなくてよい

一、大野治長と織田有《う》楽《らく》が人質を提出する

一、城内の兵は、譜代衆、牢人衆とも処罰しない

秀頼や淀殿、牢人衆の安全を保障する一方で、大坂城の防御力を奪う

惣構《そうがまえ》、二の丸、三の丸の破却は大坂方が行う条件だったが、徳川軍は条件を無視して数日のうちに破却した。

家康は力押しを諦め、包囲は続けたままで重圧をかけつつ、自軍に有利な条件で和睦にもち込もうと考えた。

毎晩3度にわたって鬨《とき》の声を上げながら、大坂城へ向け鉄砲を撃ちかけた。これにより、大坂城内の諸将は敵がいつ攻めてくるかわからず、騒音のため睡眠を妨げられることになった。そして大筒《おおづつ》や大砲を用いての砲撃である。

やがて、本丸へ放たれた一発の砲弾が御殿に命中。壁が崩れて淀殿の侍女が死亡した。狼狽した淀殿は和議を決意。和睦交渉では、二の丸と三の丸の破壊と外堀の埋め立てが条件とされ、豊臣首脳はそれに応じてしまう。

つかの間の平和が訪れる

講和によって、大坂城に平穏が訪れた。しかし、わずか2～3か月で終了。これが大坂方にとって最後の平穏だった。

徳川方の武将とも交歓する

講和中に、徳川武将でおいの信吉（信幸の長男）や旧臣、友人（P109参照）とも旧交を温めた。敵方とはいえ、つき合いを大切にする幸村の人柄がうかがえる。

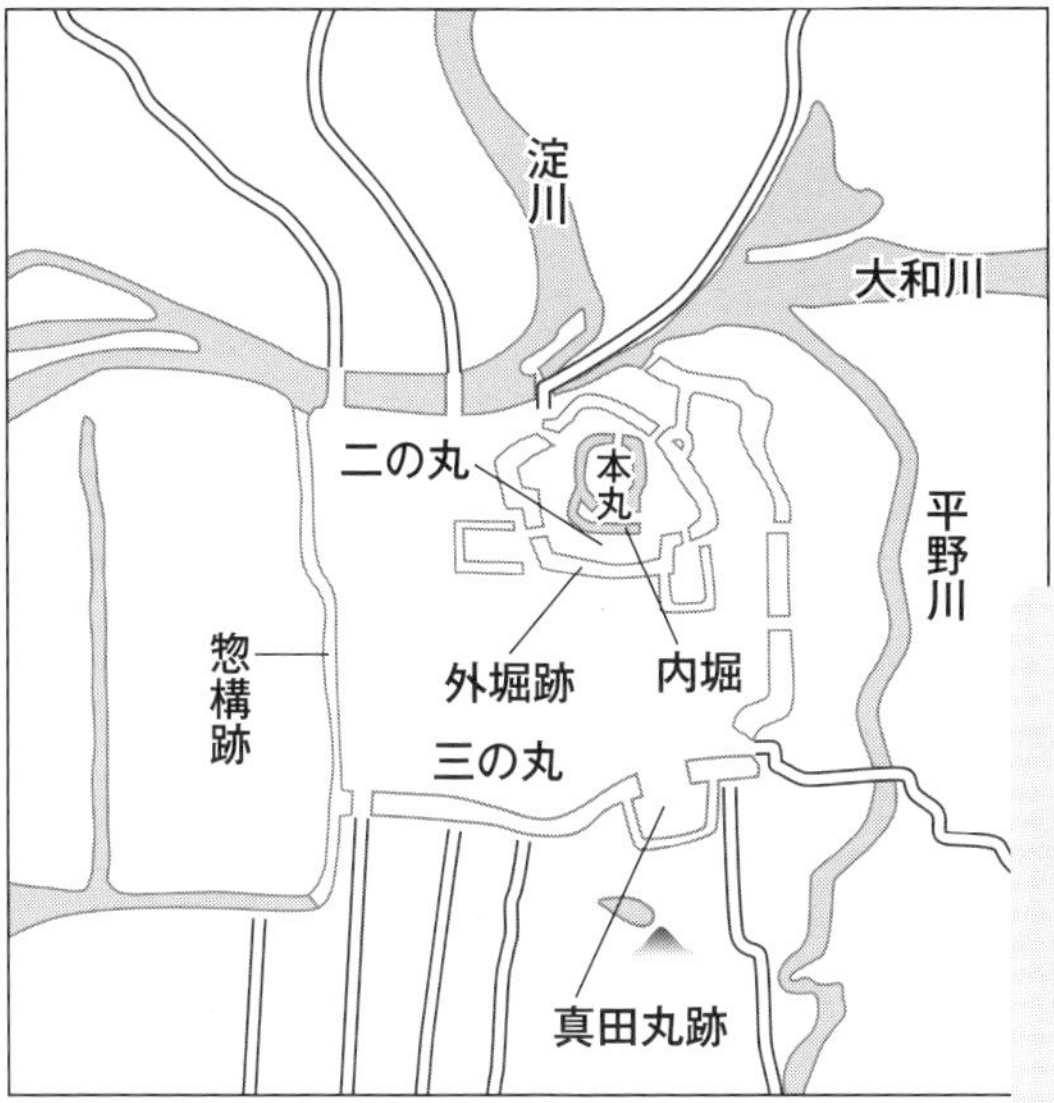

大坂城が丸裸に

大坂城は、惣構、三の丸、二の丸、本丸と、幾重にも防御施設が備わった、堅牢さを誇る城。講和後は本丸を残して、堀がすべて埋め立てられ、防御機能は大きく減退した。

家康の調略

叔父を通じ、「信濃一国」で誘われるも拒む

慶長19(1614)年

交渉が終わるや、東軍は猛スピードで大坂城の外堀を埋め、三の丸を破壊にかかる。幸村が築いた真田丸も破壊された。さらには西軍の受けもちだった二の丸の堀も埋め立て、大坂城は丸裸の城となってしまった。

家康は大坂城内へ引き揚げた幸村に対し、信濃一国を条件に味方につくよう勧誘する。しかし、幸村は応じなかった。幸村は再戦が近いことを悟り、3月に上田にいる義兄（姉の夫）へ宛て「今年、何もないようでしたら、またお目にかかりたいと存じます。しかし、もう私はこの世にいないと思ってください」と手紙を書いている。

無茶な要求を突きつけられる

家康は、大坂方の再挙兵のうわさを流す。大坂方は事のしだいに驚き、釈明に追われることに。

うわさ
大坂は城の堀を再建し挙兵を企てている

↓

大坂方、釈明する
大野治長の家臣を駿《すん》府《ぷ》に派遣し、根拠のないうわさについて家康に釈明。

↓

大坂に要求を突きつける
和議の誓約を無視し、使者に下の要求を突きつけた。

要求
一、秀頼が大和《やまと》か伊勢《いせ》に国替えする
一、大坂城に雇い入れた牢人衆を追放する

→ **大坂方、要求をのめず懇願**

再戦へ

夏の陣前日、幸村は家臣を逃がそうとした
合戦の前夜、幸村は家臣を集めて「国許に妻子ある者は帰国せよ」と諭した。しかし家臣たちは「お暇を賜るなら切腹する」と返答。一同で杯を交わし、生死をかけた奮闘を誓った。

◘優遇された条件でものまなかった◘

本多正純《まさずみ》が家康から幸村勧誘の密命を受け、弟の政重《まさしげ》と幸村の叔父・信尹に交渉を命じた。破格の条件だが、幸村は受け入れなかった。

家康
真田を徳川の下へ
本多正純
本多政重
叔父
真田信尹
信濃一国で
徳川の家臣に
拒　否

まず10万石で誘われたが幸村は断った。次に信濃一国と誘われたが、幸村は激怒し、その手紙を破り捨て、叔父に面談もしなかった。

COLUMN

敗色濃厚の大坂に残った幸村の意図

なぜ幸村は、大坂に与したのか。豊臣家への恩顧のためとよくいわれるが、それは江戸時代の考え方。戦国時代では、自分の出世や家に尽くすのが第一で、それに反するのは奇怪とされた。

最後まで大坂方で戦ったのは、死に場所を得るためだろう。九度山で牢人として死ぬより、大坂城で武将として華やかに討ち死にする道を選んだ。潔い討ち死にこそ武士の本懐、という生きざまを体現したのだ。

大坂
夏の陣

家康本陣に迫り、壮絶な最期を遂げた「日本一の兵」

慶長20
(1615)年

最後まで勝つための戦略を働かせた

幸村ら実戦派は、大坂城を出て野戦へ。徳川軍の主力が大和口を通ることを予測し、要衝である道明寺《どうみょうじ》付近での迎撃を決意した。

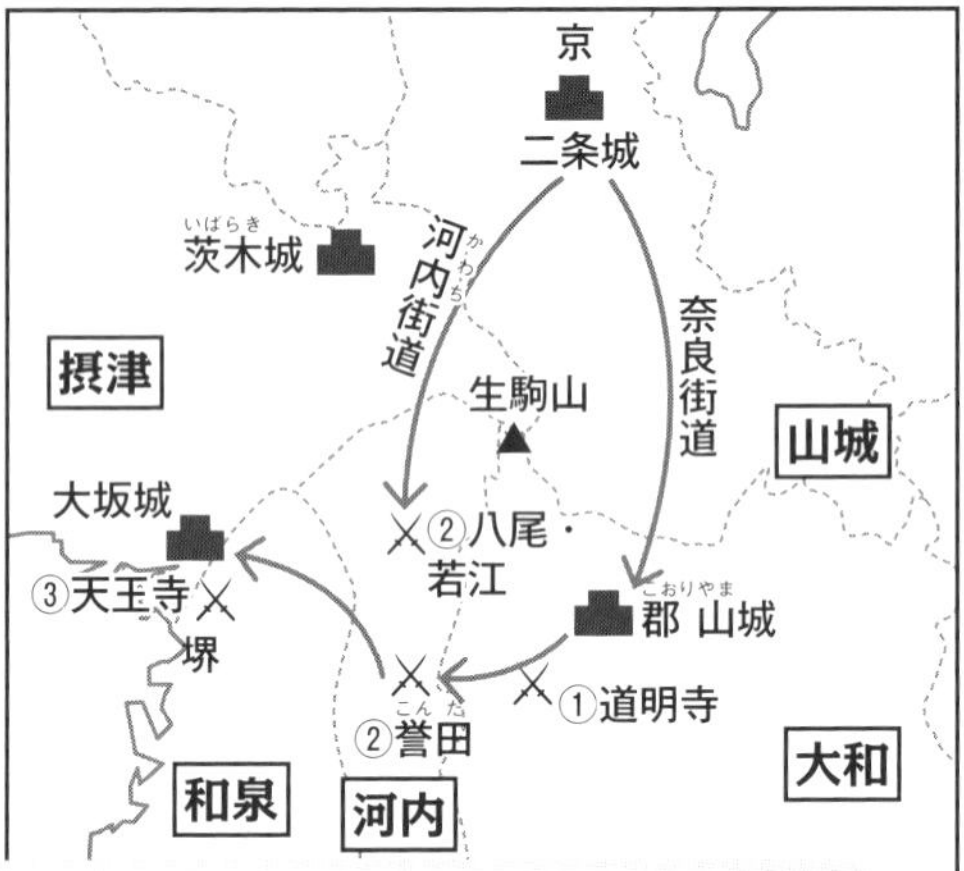

①道明寺の戦い

大和国からの要衝で大軍を迎撃

後藤隊と連絡がとれず、幸村や毛利が到着したときは、後藤隊は壊滅状態に。後藤基次らが戦死。

後藤基次ら戦死

②誉田の戦い

決死の戦いで大軍を釘づけに

真田隊は伊達政宗《だてまさむね》隊と激突。誉田陵を挟んでにらみ合いに。

八尾・若江の敗戦を聞く

大坂方は真田隊を殿《しんがり》にして退却。徳川軍は追撃せず、真田隊は悠々と退却。

真田隊悠々と退却

③天王寺・岡山の戦い

家康の首だけをねらい、突撃する

真田隊は、家康の本陣に迫った。しかし多勢に無勢で、しだいに劣勢に。真田隊も総崩れ。幸村は討ち死にした。

大坂城落城

幸村は十文字の槍をもって家康めがけて突撃し、徳川方を崩した。その雄姿は敵にさえ「真田日本一の兵《つわもの》」といわせたほど。

大坂城は堀を埋められ、二の丸・三の丸が更地と化し、機能を失っていた。勝ち目はなしと見て、大坂城を去る者も多く出た。しかし、残った者たちの戦意は低くなかった。

幸村をはじめ、毛利勝永や後藤基次といった歴戦の武士たちは、望みをかけて城外へ出陣する。しかし、野戦での数の不利は、覆すことが難しい。5月6日に道明寺、八尾《やお》、若江《わかえ》で西軍はことごとく敗退。翌日に最後の決戦、天王寺・岡山の戦いを迎えた。

ねらうは家康の首のみ。東軍に射撃と突撃を繰り返し、家康本陣を手薄にした幸村と毛利勝永は、ついに家康の目前に迫る。しかし、惜しくも寸前で取り逃がし、幸村は戦場に散った。

翌8日、大坂城は落城。豊臣秀頼ら大坂城首脳陣は自害して果て、徳川が天下統一。日本は泰平の世に入った。

江戸から現代へ

信幸と幸村の子孫が長野や宮城に息づく

慶長20（元和元、1615）年～

真田とかかわった大名のその後

江戸幕府は大名を統制。幕府から１万石以上の所領を与えられたものを「大名」とし、大規模な移封を行った。

上杉は米沢《よねざわ》藩主（山形県）で30万石。伊達は仙台藩主（宮城県）で約62万石になった。
真田家は信濃国、上田藩約10万石から松代藩（長野県長野市）へ移封。13万石に加増されるも、本拠地を失った。
上杉
伊達
松平（越前）
本多
前田
真田
徳川（水戸）
徳川（尾張）
浅野
黒田
徳川（紀伊）
細川
島津
徳川は将軍家のほか、それに次ぐ水戸・尾張・紀《き》伊《い》の三家に分かれ、「御三家」と呼ばれた。

上田城の信幸は、大坂の陣から7年後の元和《げんな》8（1622）年、徳川家により松代《まつしろ》へ加増移封を命じられ、13万石の大名となる。以来、松代真田家は江戸時代を通じて存続して幕末を迎え、明治には子爵（のちに伯爵）家となり、松代真田家として存続している。

幸村の長男、大助（幸昌）は大坂城で豊臣秀頼と運命をともにした。次男の大八《だいはち》（真田守信《もりのぶ》）は、大坂夏の陣で幸村隊と交戦した伊達政宗の家臣・片《かた》倉重綱《くらしげつな》に保護された。重綱は大八とその姉たちも保護して仙台に連れ帰った。これが幸村の子孫であり、仙台真田家として存続して今に至っている。

明暗を分けた兄弟の子孫たち

幸村の子孫

幕府の“真田狩り”から逃げる

大坂の陣後、幕府は大坂方の残党狩りを行った。徳川軍に大損害を与えた幸村の子孫は、特に執拗に追われた。

他家の養子に

幸村には４人の息子と８人の娘がいた。娘のお梅は滝川家の養女となり、片倉重綱の妻に迎えられる（P67参照）など、他家の養子になったりした。

大叔父の孫と偽って生き延びる

幸村の次男・大八は、幕府から血筋を疑われたとき、幸村の叔父で徳川家臣の信尹にもう１人息子がいたことにし、その子どもと偽って難を逃れた。

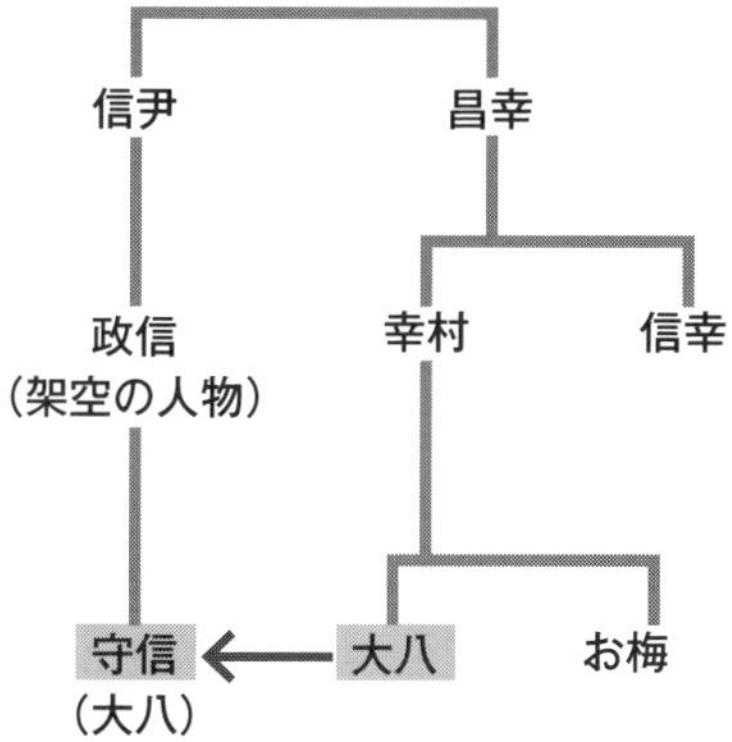
信尹
昌幸
政信
（架空の人物）
幸村
信幸
守信
（大八）
大八
お梅

信幸の子孫

秀忠の嫌がらせを受ける

秀忠は真田へのうらみから、移封によって真田の本拠地を奪った。信幸は移封を不服として、政治資料などの重要書類を焼き捨て、上田城を壊した。

江戸、明治～現代へと血を遺す

信幸の次男・信政、次に信政の六男・幸道が家督を相続。以後も真田家は江戸時代を通じて存続し、明治には爵位を賜った。

COLUMN

お梅は重綱に強奪された？

片倉重綱が幸村の遺児を引き取った経緯には、諸説ある。

一つは、東軍が大坂城を落としたとき、重綱はひときわ目立つ美しい娘を奪い、自らの妻とした。のちにお梅とわかったという説。ほかに、幸村が重綱に子どもを預けると伝え、お梅が戦いのさなかに重綱の陣に駆けつけたという説もある（P67参照）。

解説

幸村が秀頼を連れて落ち延びたのは伝説か？

大坂の陣での幸村の奮戦を聞いた九州鹿児島の大名、島津家久《いえひさ》（忠恒《ただつね》）は「真田日本一の兵《つわもの》、徳川方半分敗北」と手紙に書き残している。

その逸話に基づいてか、大坂で死んだのは幸村の影武者で、本人は密かに逃れたとする伝説が、江戸時代には広まっていった。

「花のような秀頼様を、鬼のようなる真田が連れて、退きも退いたり鹿児島へ」という、わらべ歌が流行したという。伝説では幸村は揖宿郡《いぶすきぐん》頴娃《えい》村（南九州市頴娃町）に住み、百姓の娘との間に子をもうけた。子がのちに真江田《まえだ》姓を称したとされ、大分県の別府《べっぷ》大川《おおかわ》にある真江田家の墓には、真田の旗印と同じ六文銭《ろくもんせん》が刻まれている。

また、江戸時代には猿飛佐助、霧隠才蔵といった忍者が幸村の下で活躍する「真田十勇士（P112参照）」の物語もつくられた。

天下の徳川家に一泡吹かせ、最後まで己の信念を捨てずに戦った最後の戦国武将、真田幸村。彼の生きざまに魅了される人は、今もあとを絶たない。江戸時代の人々も同じ思いで、それらの物語や伝説をつくり、語り継いだのだろう。

クローズアップ◆人物

島津家久（忠恒）

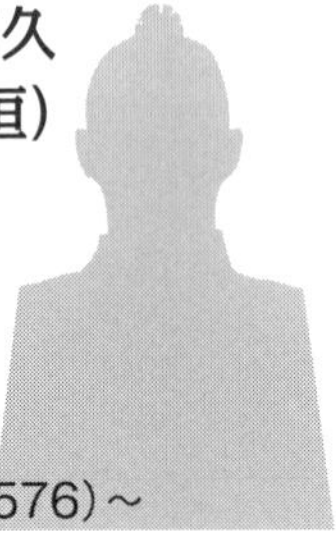

◆生没年
天正4（1576）～寛永15（1638）年
享年64
◆領地
薩摩（鹿児島県）

島津義弘《よしひろ》（「鬼島津」の武勇で有名）の三男。元の名が忠恒で、のちに家康から「家」の字をもらい家久に改名。秀忠から「松平」の名字をもらうなど、徳川家から信頼されていた。
島津家を相続し、初代薩摩藩主となった。

第2章

真田一族と幸村の姿を追う

鬼神ともいわれた武将・幸村像は、どこからきたのか。幸村を支え家を守った家族や幸村の知られざる姿から、幸村の魅力を探る。

真田家系譜

幸村は兄弟が11人、四男八女をもうける

真田家の実質の初代は幸隆か

真田家を広く知らしめたのは幸隆。真田家中興の祖だが、幸隆以前の歴史が不詳のため、真田家初代とされることも。

真田幸隆

◆出身
信濃国（長野県）
◆生没年
永正10（1513）～天正2（1574）年
享年62
◆別名
攻め弾正《だんじょう》、幸綱、一徳斎《いっとくさい》、弾正忠《だんじょうちゅう》など

幸隆《ゆきたか》は幸村の祖父にして真田家《さなだけ》の祖。本名は幸綱《ゆきつな》といい、幸隆は晩年に改名した名前であると伝わる。

信濃《しなの》に根を張る小豪族の一人だったが、諏訪氏《すわし》との抗争に敗れて領地を失う。天文《てんぶん》１７（１５４８）年ごろ、武田《たけだ》信玄《しんげん》が信濃に侵攻すると、その支援を得て旧領の一部を取り戻す。海野《うんの》一族をまとめあげ、信濃先方衆《さきかたしゅう》としての活躍が認められ、武田家臣団の強力な一員として名を連ねることになった。

幸隆は武田の本拠地・甲府《こうふ》にも屋敷を構えることを許されるなど厚遇されたが、天正２（１５７４）年に亡くなる。そのとき、幸村は８歳だった。

◘真田の血脈がつながっている◘

真田氏家系図

幸隆以降の真田家の家系図を示した。真田の血族でない配偶者は省略した。

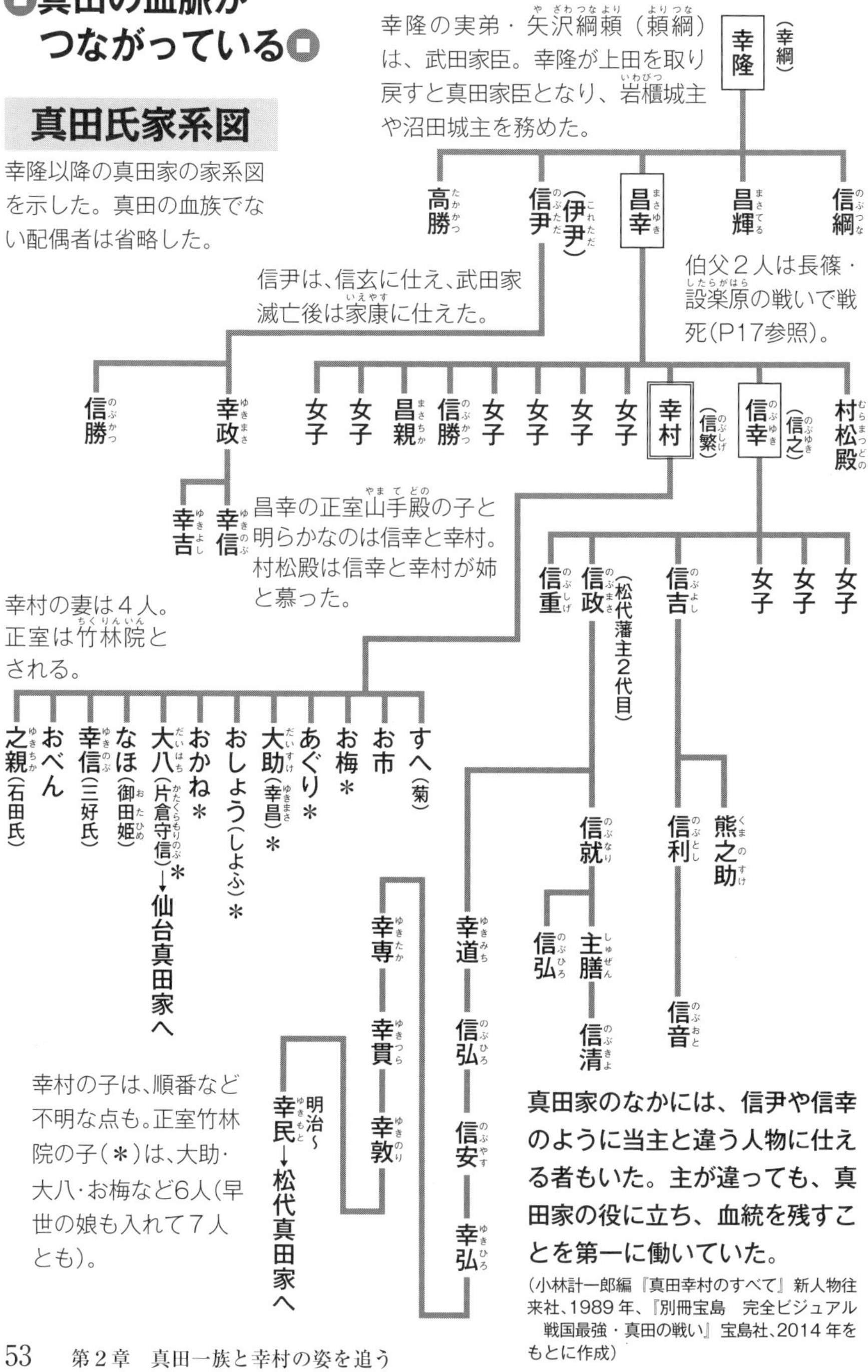
幸隆（幸綱）
幸隆の実弟・矢沢綱頼《やざわつなより》（頼綱《よりつな》）は、武田家臣。幸隆が上田を取り戻すと真田家臣となり、岩櫃《いわびつ》城主や沼田城主を務めた。
高勝《たかかつ》
信尹《のぶただ》（伊尹《これただ》）
昌幸《まさゆき》
昌輝《まさてる》
信綱《のぶつな》
伯父２人は長篠・設楽原《したらがはら》の戦いで戦死（P17参照）。
信尹は、信玄に仕え、武田家滅亡後は家康《いえやす》に仕えた。
信勝《のぶかつ》
幸政《ゆきまさ》
幸吉《ゆきよし》
幸信《ゆきのぶ》
女子
女子
昌親《まさちか》
信勝《のぶかつ》
女子
女子
女子
女子
幸村（信繁《のぶしげ》）
信幸《のぶゆき》（信之《のぶゆき》）
村松殿《むらまつどの》
昌幸の正室山手殿《やまてどの》の子と明らかなのは信幸と幸村。村松殿は信幸と幸村が姉と慕った。
信重《のぶしげ》
信政《のぶまさ》（松代藩主２代目）
信吉《のぶよし》
女子
女子
女子
幸村の妻は４人。正室は竹林院《ちくりんいん》とされる。
之親《ゆきちか》（石田氏）
おべん
幸信《ゆきのぶ》（三好氏）
なほ（御田姫《おたひめ》）
大八《だいはち》（片倉守信《かたくらもりのぶ》）＊→仙台真田家へ
おかね＊
おしょう（しょふ）＊
大助《だいすけ》（幸昌《ゆきまさ》）＊
あぐり＊
お梅＊
お市
すへ（菊）
信就《のぶなり》
信弘《のぶひろ》
主膳《しゅぜん》
信清《のぶきよ》
信利《のぶとし》
熊之助《くまのすけ》
信音《のぶおと》
幸道《ゆきみち》
信弘《のぶひろ》
信安《のぶやす》
幸弘《ゆきひろ》
幸専《ゆきたか》
幸貫《ゆきつら》
幸敦《ゆきのり》
幸民《ゆきもと》明治～→松代真田家へ
幸村の子は、順番など不明な点も。正室竹林院の子（＊）は、大助・大八・お梅など6人（早世の娘も入れて７人とも）。

真田家のなかには、信尹や信幸のように当主と違う人物に仕える者もいた。主が違っても、真田家の役に立ち、血統を残すことを第一に働いていた。

（小林計一郎編『真田幸村のすべて』新人物往来社、1989年、『別冊宝島　完全ビジュアル　戦国最強・真田の戦い』宝島社、2014年をもとに作成）

父

昌幸

◆幸村の家族、血縁

強豪を手玉にとり、「表裏比興の者」と称される

◘信玄との縁を生涯大切にする◘

真田昌幸

◆初陣
第4回川中島《かわなかじま》の戦い
（永禄《えいろく》4〈1561〉年）
◆生没年
天文16（1547）～
慶長16（1611）年
享年65
◆別名
武藤喜兵衛《きへえ》、安房守《あわのかみ》

昌幸は信玄の側近として活躍。「武藤《むとう》」姓や「昌」の名をもらうほど、信玄に信頼されていた。昌幸も、信玄の花《か》押《おう》（署名の一種）に似た花押を使うなど、生涯信玄を意識したようだ。

信玄の眼
表裏《ひょうり》比興《ひきょう》の者《もの》

信玄に「我が眼」と呼ばれるほど、信頼を寄せられていた。「表裏比興の者」は、豊臣秀吉《とよとみひでよし》の言葉。表裏があって油断ならない者の意味で、武将にとってほめ言葉。

大大名の下で頭角を現す

昌幸は、人質として信玄の下へ出仕。幼少時から信玄に才覚を高く評価され、成長すると側近として重用された。

武田信玄

当時、父の幸隆は武田家臣としては新参者。領地を任される代わりに、昌幸が人質となった。

昌幸

7～29歳

人質として甲府《こうふ》に出仕

▼

信玄の母の実家を継ぎ、「武藤喜兵衛」と名乗る

人質ながら才覚を発揮し、信玄ゆかりの武藤家の養子に。大大名の下で働いて武将としての地位を築き、その名を広めた。

大大名の下で力をつける。
その力を天下に知らしめたのが
第一次上田合戦
（P138参照）

幸隆が武田家で頭角を現したころ、昌幸はその三男として生まれた。

7歳のときに、甲府の武田信玄の居館へ送られる。当時、豪族たちは忠誠の証として、主人の下に我が子を人質として預けるのが習いだった。信玄の小姓《こしょう》として働きはじめた昌幸は、信玄に聡明さを気に入られ、重く用いられるようになる。

信玄の死後、すぐに父・幸隆を亡くす。さらに1年後に兄2人が長篠《ながしの》・設楽原の戦いで戦死したことで（P17参照）、急きょ養子先の武藤家から真田家に復姓し、当主となる。

以後、真田家の家名を守るため、大大名相手に縦横無尽に策を巡らせ、武略を発揮する。情勢を巧みに見極めて主家を次々と替える様子は、「表裏比興の者」と秀吉にも一目置かれた（P90参照）。

母

◆幸村の家族、血縁

山手殿

謎の多い女性。兄弟を分けへだてなく育てる

真田昌幸の正室で、長女の村松殿、嫡子の信幸、次男の幸村を、昌幸とのあいだにもうけている。

昌幸が武田氏に仕えていたさいには、人質として甲府の新府城《しんぷじょう》に住んでいた。織田信長の武田攻めで武田氏が滅亡したとき、新府城から信幸や幸村とともに脱出し、上田へ帰還した。そのとき「私がここで死んでも、あなたは死を選ばず、のちの運をつかむように」と我が子らに諭したという。

山手殿《やまてどの》がどのような血筋の女性なのかは謎が多い。信玄の妹婿であった京の公家《くげ》、菊亭晴季《きくていはるすえ》の娘の侍女ではないかと推測されている。

◘出自は謎に包まれている◘

昌幸の正室には謎が多い。山手殿とされる女性が「京之御前」と呼ばれる史料が残ることから、京出身説が有力。昌幸に側室が多数いたことや後世の脚色などで、突き止めるのが難しい。

説1

京の公家、菊亭晴季の娘の侍女？

従来は菊亭の娘説が有力だったが、近年は侍女説が正確とされる。後世に信玄の養女になったと脚色された。

説2

近江の豊臣家臣、宇多頼忠《うだよりただ》の娘？

宇多と昌幸の関係が生じる時期と、昌幸の婚姻時期が一致せず、誤伝とされる。娘（幸村の姉妹）が宇多に嫁いだことが誤解されたようだ。

説3

武田家臣、遠山右馬亮《とおやまうまのすけ》の娘？

遠山は武田の足軽大将。幸隆の娘（昌幸の姉妹）が遠山に嫁いだことが誤解の原因か。

◘戦国大名の妻として波乱の人生を送る◘

山手殿も昌幸の妻として信玄や秀吉の人質になり、ときには命の危険に瀕することも。昌幸が九度山《くどやま》に蟄居《ちっきょ》したとき、山手殿は上田に残り、その後出家した。

「山手殿」という名前も、居住地にちなむものとされる。死後は寒松院と号された。

山手殿

◆出身
京(諸説あり)
◆生没年
生年不明～
慶長18(1613)年
◆別名
寒松院《かんしょういん》、京之御前《きょうのごぜん》

兄弟に家を守ることの大切さを説く

山手殿は、信幸・幸村兄弟の幼少期をともにすごした。武田氏の滅亡に際し、兄弟に「決して死を選ぶな」と家と血を守る大切さを説くなど、真田家を支えた。

関ヶ原の戦い時、あわや人質に

関ヶ原の直前に、大坂にいた山手殿。大坂方の人質として拘留されそうになったが、大谷吉継《おおたによしつぐ》に保護された。

兄

◆幸村の家族、血縁

信幸（信之）

徳川についたからこそ、「家」は存続できた

◘家と血を守り続けた人生◘

信幸は、現在は幸村に比べて無名だが、真田家の存続に心を砕いた人物。武勇や策謀、人格が評価されて徳川家臣として仕え、父や弟が敗軍の将となっても援助している。

真田信幸

◆初陣
第一次上田合戦
（天正13〈1585〉年）

◆生没年
永禄9（1566）～
万治元《まんじ》（1658）年、享年93

◆別名
源三郎《げんざぶろう》、信之、一当斎《いっとうさい》、伊豆守

関ヶ原後に「信之」と改名*。罪人となった昌幸の「幸」を避け、徳川家に忠誠を示した。

なぜ幼名が源三郎なのか？

説1

「源太《げんた》」は不吉？

真田家当主の長男の幼名は、代々「源太」だった。伯父信綱の幼名も源太だが、早死にしたため、幼名を改めたという説。

説2

信幸が弟？

幸村は信幸の翌年に生まれ、幼名は「源次郎《げんじろう》」。本当は幸村が兄なのに、史料が混乱して信幸が兄になったという説もあるが、定かではない。

＊本書では混乱を避けるため、「信幸」の名を使う。

幸村の武名の陰で闘っていた信幸

父と弟が敵方についたことで、父と弟をかばいつつ、徳川家からの内通の疑いを晴らすという絶妙な駆け引きが必要だった。

信幸は93歳まで生きた。同時代の武将は次々と先立ち、晩年は実戦を知る者として、幕府のなかで一目置かれた。

1 関ヶ原の戦い後、父と弟の助命を嘆願

徳川秀忠《ひでただ》は、強硬に昌幸と幸村の死罪を主張した。信幸は「信之」に改名して忠誠を示し、助命嘆願に奔走。2人は死罪を免れ、九度山に配流となった。

2 大坂の陣で大坂方への内通を疑われる

幸村が、再び徳川に敵対。信幸は病気で参陣できなかったが、長男の信吉を参陣させて忠誠を示した。

3 大坂の陣後、移封を余儀なくされる

幕府から西方への内通者の存在を疑われ、何度も取り調べを受ける。元和8（1622）年には松代への移封《いほう》を命じられ、上田を手放した。

真田昌幸の長男であり、幸村の兄。幼少期は、かつて父がたどった道と同じく、武田家の人質として過ごした。

身長は、六尺一寸（185㎝）の長身。真田家をかため守った「守成《しゅせい》の人」と思われがちだが、北条軍の手子丸《てこまる》城《じょう》を奪取したり、第一次上田合戦で支城の戸石城《といしじょう》から出撃して徳川軍を追撃したりするなど、戦場では武勇を発揮し、槍働きも多かった。

昌幸からは家の跡取りとして大事に扱われ、真田家が独立してすぐ、16歳にして岩櫃城代《いわびつじょうだい》に任じられた。小田原《おだわら》攻めのあとは沼田城主となり真田家の分家の当主として自立している。

関ヶ原後、父と弟の助命を家康に嘆願し、昌幸が亡くなると葬儀の許可を幕府に頼むなど気遣いを見せた。真田家を相続し、明治まで10代続く礎を築く。93歳という長寿を全うした。

兄嫁

小松殿

◆幸村の家族、血縁

本多忠勝の娘。信幸の不在にも城を守り抜く

徳川家康の重臣、本多忠勝《ほんだただかつ》の娘。14歳のときに家康の養女となり、真田信幸に嫁いだ。秀吉の命令によって真田が徳川に従属する大名になったことで、その仲を深めるための結婚だった。

この結婚が、関ヶ原での真田家分裂につながった。信幸と袂《たもと》を分かった舅《しゅうと》の昌幸が上田城に帰る途中、沼田城に立ち寄って入城しようとしたが、留守を守る小松殿はそれを断った。毅然とした態度に昌幸も感じ入ったという。

信幸とは終生仲睦まじく、信政、信重のほか女子2人をもうけた。小松殿に先立たれた信幸は、「我が家から光が消えた」と嘆いたという。

◘妻として夫や家族への心配りを忘れない◘

小松殿は、当主の正室として家や家族の采配を任され、行き届いていたことが知られる。信幸とのあいだになかなか子ができなかったとき、側室をすすめたという逸話も残る。

信幸の不在時は家を万事任されていた

信幸は領国を不在にしがちで、家のすべてを小松殿に任せていた。小松殿は夫の代わりによく励み、「武家の妻の鑑《かがみ》」と賞賛された。

九度山《くどやま》へ見舞いの品を送る

生活に窮する九度山へ、信幸の代わりに食料などをたびたび送った。正月に鮭の子を送られたことに、昌幸が喜んで返礼した手紙も残る。

◘義父でも敵として追い返す◘

関ヶ原時、昌幸・幸村と信幸が敵味方に分かれた。昌幸らが沼田城へ立ち寄ったが、城内の家臣たちに示しをつけるため、小松殿は毅然として断ったという。

沼田城に立ち寄った昌幸と幸村を追い返す

沼田城に立ち寄った昌幸たち。甲冑を身につけ長刀を手にした小松殿が城門の櫓《やぐら》に現れ、「当城は伊豆守（信幸）の城で、義父といえど敵。押し入る者は、一人残らず討ち取ります」と叫び、入城を断った。

近くの寺でもてなし、子どもの顔を見せる

孫の顔が見たかった、と答えた昌幸を、小松殿は城から少し離れた正覚寺《しょうかくじ》に案内し、宿泊所として整えた。自らの衣服を改め、心尽くしの酒肴《しゅこう》でもてなし、孫たちにも対面させた。

猛将の娘らしく、勇ましく毅然とした姿を見せる一方、女性として細やかな心配りを忘れない。

小松殿

◆**出身**
三河国？
◆**生没年**
天正元(1573)～
元和6(1620)年
享年47
◆**別名**
於子亥《おねい》、稲姫《いなひめ》

妻

竹林院

◆幸村の家族、血縁

豊臣家との絆を強める。九度山へも同行

石田三成《いしだみつなり》の盟友として名高い、大谷《おおたに》吉継《よしつぐ》の娘。秀吉の天下統一後、大坂城に人質として住んでいた幸村に嫁いだ。

関ヶ原の戦いで父と幸村が西軍についたため、竹林院は義父・昌幸の正室とともに実家の大谷邸に保護されていた。戦後、幸村とともに九度山へ行く。真田紐《さなだひも》の製作など内職で家計を支えた。夫と息子の大助が大坂城に入城するさい、「再び生きて会いたいのは山々ですが、どうか私たちのことは案じないでください」と言葉をかけている。

大坂の陣の後、東軍の捜索隊に捕まるが、家康の許しを得て保護され、京で静かな余生をすごした。

◘謎が多い女性◘

幸村には妻が４人いたことが知られ、竹林院は正室とされる。本名は不明で、幸村に嫁いだのは天正《てんしょう》末か文《ぶん》禄《ろく》のころ。大助や大八のほか、4 人の娘を生んだことがわかっている。

竹林院

◆生没年
生年不詳～
慶安2(1649)年？

没年も不詳とされることがある。晩年は京の大珠院《だいじゅいん》で隠遁した。

幸村の武名に翻弄されつつも陰ながら支えた

夫・幸村が何度も徳川に敵対したことで、長いあいだ監視下に置かれ、不自由な暮らしをした。苦境に立たされても、竹林院は幸村を精一杯支えた。

関ヶ原戦い前

大坂で父・大谷吉継に保護される

人質として、山手殿とともに大坂城にいた。関ヶ原の戦いが勃発したとき、大谷吉継に保護される。

九度山にて

子どもを産み、側室の子も引き取って育てる

九度山に入る前に、女児を出産。側室の子も引き取り、九度山でも男２人女３（？）人を産む。十数年間、貧しく不自由ながら、比較的平穏な生活を送る。

大坂の陣後

潜んでいたが捕らえられ、家康に引き渡される

大坂の陣時、竹林院は子らと紀州《きしゅう》（和歌山県）に隠れた。大坂落城後、紀州の浅野《あさの》長晟《ながあきら》に発見され、家康の下に護送。信幸の嘆願により放免された。

真田紐を考案したのが竹林院とする説も。真田紐を家臣や堺《さかい》（大阪府）の商人に行商させ、生計を支えた。

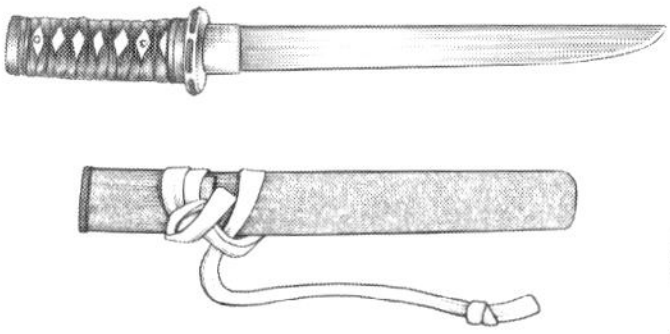

捕縛時、竹林院は来国俊《らいくにとし》の脇差《わきざし》を持っていた。脇差は幕府に没収され、長晟に下賜された。

伯父、叔父

信綱、昌輝、信尹

◘幸村の家族、血縁

伯父は長篠・設楽原で討ち死に。信尹は家康の家臣に

◘真田兄弟は武田の重臣◘

真田家は、武田家にとって外様《とざま》（新参者）。しかし実力は認められ、武田家臣のなかでも有力な家だった。信綱、昌輝は幸隆の築いた基盤を拡大させ、信濃国衆《くにしゅう》の有力侍となった。

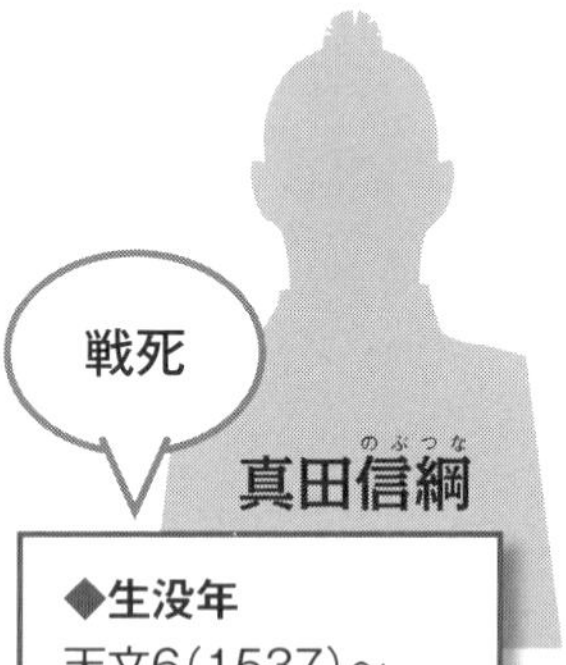

真田信綱《のぶつな》

◆生没年
天文6（1537）～
天正3（1575）年
享年39

1m以上の大刀を振り回す豪勇で、敵を悩ませた。武田の有力譜代衆と同等かそれ以上の位置にいた。

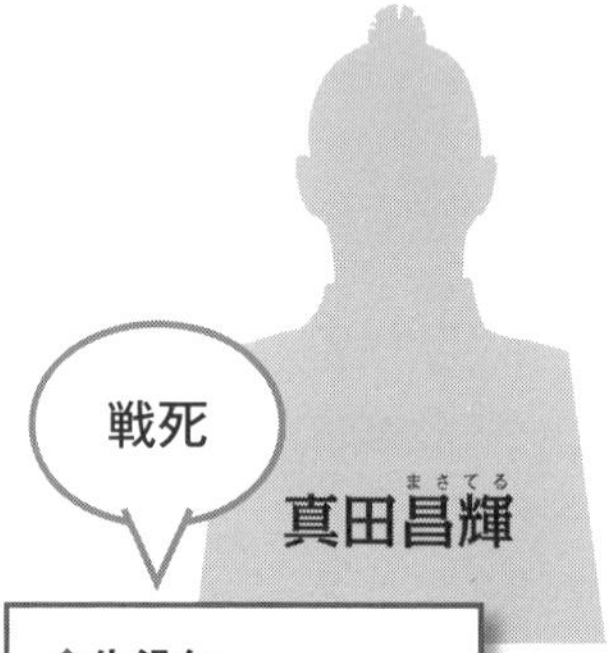

真田昌輝《まさてる》

◆生没年
天文11（1542）～
天正3（1575）年
享年33

兄とともに、武田二十四将の一人に数えられている。信綱と独立する形で武田家に仕える。

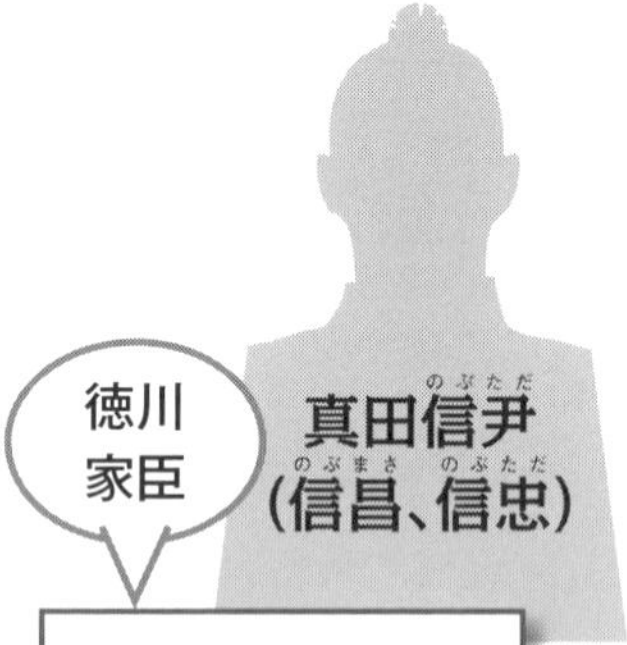

真田信尹《のぶただ》
（信昌《のぶまさ》、信忠《のぶただ》）

◆生没年
天文16（1547）～
寛永《かんえい》9（1632）年
享年86

昌幸と同じころ信玄に出仕。武田家滅亡後は、まず北条に、のちに徳川に仕える。昌幸が主を替えるさいに、徳川に勧誘した（P23 参照）。

ほかにも、幸隆の五男に高勝がいるが、事績は不明。

信尹は徳川の下で真田本家を助け続けた

武田滅亡後、信尹は昌幸とは別行動をとる。しかし、昌幸や幸村を徳川に勧誘したり情報を流したりするなど、陰日向に本家を支えた。

武田滅亡時

昌幸に徳川への臣属を勧める

武田滅亡後、信尹は徳川家臣に。3大名による武田領の争いが起こったとき（P22参照）、昌幸に徳川への臣属を勧め、成功した。

大坂冬の陣後

幸村を東軍に勧誘する

徳川家臣である信尹が、幸村を勧誘。信濃一国を条件に誘ったが、幸村は怒って信尹との面談を拒否した（P45参照）。

大坂夏の陣後

幸村の首を確認する

戦後の首実検《くびじっけん》で、幸村の首を「確かに幸村」と証言した。確認役は、信幸や原貞胤《はらさだたね》（P109参照）という説もある。

真田幸隆には5人の男子がいた。

長男の信綱は、幸隆の跡取りとして早くから活躍し、武勇に優れる名将と評判だった。武田信玄の存命中、信濃先方衆の筆頭に挙げられ、すでに幸隆から真田家の家督を継承していた。

次男の昌輝も兄に劣らぬ武勇の持ち主で、兄とともに武田二十四将に数えられる将だった。しかし、この兄弟は天正3（1575）年の長篠・設楽原の戦いでそろって戦死する。そこで三男の昌幸が真田家を継いだのだ。

四男の信尹は、昌幸と同じく幼年期から信玄の下に出仕。武田滅亡後、昌幸とは別行動をとり、徳川家に仕える。家康の側近として重用された。大坂の陣では、家康に命じられて甥の幸村の下へ行き、信濃一国を条件に寝返りをもちかけたが幸村に断られたという逸話がある。

◘幸村の家族、血縁

大助、梅

大助は大坂の陣で果てる。梅は片倉家に保護

◘大坂城で自害した大助◘

九度山で生まれ、父・幸村とともに大坂城へ。天王寺・岡山の戦い（P162参照）で真田隊が総崩れになると、幸村の命で大坂城へ。秀頼に殉じ、自害する。

大助

◆生没年
慶長6（1601）？～
慶長20（1615）年
享年16？
◆別名
幸昌、信昌

本名は幸昌で、大助は通称（あるいは幼名）。

幸村には4人の妻がおり、子どもも四男八女と子だくさんだった。長男の大助（幸昌）は、大坂夏の陣では大坂城内に引き返し、豊臣秀頼《ひでより》に最後まで近侍《きんじ》していたが、秀頼が自害に及ぶと殉死《じゅんし》し、豊臣家と運命をともにした。

夏の陣の決戦前夜、幸村の子らを保護し、のちに三女のお梅を妻に迎え入れたのは、大坂夏の陣で幸村と交戦した伊達《だて》家の家臣、片倉重綱《かたくらしげつな》である。

重綱は幸村の次男・大八（3歳）も保護し、仙台で養育。大八は片倉家の家臣として召し抱えられ、片倉守信と称した。彼の子孫が仙台真田家として今も続いている。

お梅

◘お梅は大坂落城で片倉家へ◘

幸村とともに大坂城へ。落城前に脱出し、片倉重綱（P106 参照）の陣へ逃げた。片倉を頼ったのは、幸村の意向。生け捕りされたという史料もある。

片倉重綱の後妻となり、養子を育て、家をもり立てる

片倉重綱に嫁したのは元和 6(1620）年。子どもはできず、跡継ぎとして養子を引き取り、前妻の娘とともに育てた。天和《てんな》元（1681）年、78 歳で亡くなる。

お梅は、大坂城が落城したとき 12 歳。

片倉家に保護された子どもたち

片倉家には、5 人（のち 6 人）の子女が保護された。その後がわかるのは一部。

あぐり　おべん　おしょう

伊達家臣やその縁者に嫁ぎ、難を逃れる

あぐりは、蒲生氏郷《がもううじさと》（会津若松城主）の重臣・蒲生郷喜《さとよし》に嫁ぐ。おべんは郷喜の紹介で、彦根藩青木朝之《あおきともゆき》に嫁いだ。おしょうはお梅に引き取られ、伊達家臣・田村定広《たむらさだひろ》に嫁ぐ。

大八（片倉守信）

出自を偽り、伊達家に仕える

幼いころに石投げ遊びで死去と報告されたが、それは幕府を欺くためのうそ。伊達家に匿われ、真田信尹の孫と偽って伊達家臣「片倉守信」として仕えた（P49 参照）。

◆幸村の人柄

虚実の姿

物語と実際とのかけ離れた印象はどこから?

真田一族は、その人気と知名度の割に史料が少ないが、幸村も例外ではない。生前の名は「信繁」の可能性が高いが、いつから「幸村」と呼ばれるようになったのかわからないままだ。

幸村が戦死してから約80年後の元禄《げんろく》時代(江戸時代中期)に書かれた『真田三代記』は、当時大ベストセラーとなった(P114参照)。世は徳川の天下だったが、徳川家に痛撃を浴びせた真田一族の戦いは、力をもたない庶民にとって、実に痛快に思えたようだ。特に家康を倒す寸前まで追いつめた幸村の活躍や人物像は、時代を経るごとに多様に広げられていった。

逸話1

影武者が7人いた?

「真田十勇士《じゅうゆうし》(P112参照)」のように、古今東西、影武者を立てて難を逃れた話は多い。幸村が立てたのではなく、家臣の誰もが進んで「我は幸村なり」と名乗って打って出たようだ。

逸話2

幸村は村正《むらまさ》の刀を帯びていた?

村正は、徳川家を崇るとされる妖刀。水戸光圀《みとみつくに》が「幸村は、徳川調伏のために村正を差した。武士たるもの、ふだんから真田のような心を尽くしたい」と語ったという。

◘「幸村」の名前も講談が元か◘

昌幸の次男の名は「信繁」が正しく、「幸村」は江戸時代の小説などに使われた名前。幸村は徳川家の敵。表立って賞賛できないため、小説や講談では偽名を使い、それが定着したのかもしれない。

◘「庶民の英雄」となった幸村◘

幸村は天王寺・岡山の戦いで家康を脅かした。幸村の奮戦は、当時から賞賛と同情を買い、末代まで語られるようになった。

民衆の不満のはけ口として

特に上方《かみがた》（京、大坂）は、豊臣びいき徳川嫌いの風潮で、幕府への不満を抱えていた。幸村が家康を苦しめる痛快な話を見聞きすることで、日ごろの鬱憤《うっぷん》を晴らしていた。

幕府の「武士」のイメージ戦略として

江戸時代、戦のない太平の世で、武士のあり方が問われた。豊臣に忠義を尽くす幸村の姿が、幕府の欲する武士像に合致。敵武将でありながら、その勇姿を認めた。

COLUMN

徳川家を祟る「妖刀」？

「村正」は、室町時代の刀工集団「村正一門」が打った刀や槍。

村正は徳川家に災いを呼ぶとされた。家康の祖父清康《きよやす》と父広《ひろ》忠《ただ》は村正で殺され、嫡男信康《のぶやす》も村正で切腹した。家康自身も、村正でけがをした。

真偽は定かではないが、妖刀の逸話は、その切れ味と美しさから生まれたのかもしれない。

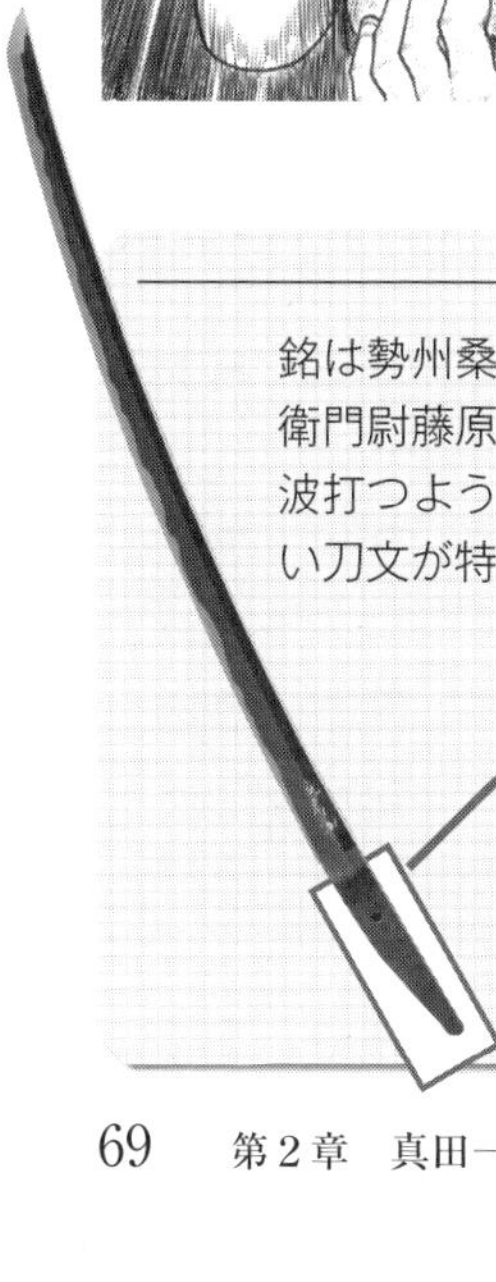

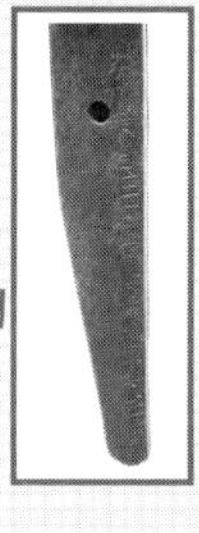

銘は勢州桑名住右衛門尉藤原村正作。波打つような美しい刀文が特徴。

写真提供：日本刀専門店　銀座長州屋

◆幸村の人柄

兄から見た弟

幼いころから物静かで、心の優しい人物

幸村は、ひとことでいえば穏やかで、地味な人物だったようである。「柔和で物静か。口数は少なく、怒ったり腹を立てるところを滅多に見たことがなかった」と兄・信幸が評している。

九度山で蟄居していたとき、幸村本人が「昨年から急に歳をとったようで病気がちになり、歯も抜けました。髭《ひげ》なども黒いものはありません」と手紙に書いているように、一般的に連想されるイメージからは遠い。

しかし、戦場では猛将のような活躍を見せたことで「鬼のようなる」と語られ、長い年月が経つうちに人物像が一人歩きすることになったようだ。

平時は柔和で親しみやすい人物

幸村は、屈折した性質がなく、よく人と交わり、笑いながら話をすることが多かったという。信幸とは、互いに慈しみ支え合って、激動の世を生きた。

九度山で近隣の住民とも交流するなど、親しみやすい人柄だった。

生涯一武将としての誇りを貫く

幸村は、城主や大名になったことはない。しかし上杉景勝や豊臣秀吉の下で才覚を見いだされ、大坂の陣では卓越した指揮力を発揮して、武将としての名をとどろかせた。

上杉景勝から屋代《やしろ》領《りょう》千貫を与えられたり、秀吉から婚姻の紹介や身分、姓を与えられるなど、人質の身でありながら、大名たちから愛される人物だった。

昌幸死後に入道《にゅうどう》する

九度山で昌幸が亡くなったあと、幸村は入道（出家）し、「好白《こうはく》」あるいは「真《しん》好白」と称した。この名前は、連歌《れんが》用の雅号ともいわれる。

真田幸村

◆初陣
小田原攻め
（天正18〈1590〉年）

◆生没年
永禄10（1567）～
慶長20（1615）年
享年49

◆別名
信繁、源次郎、
弁丸《べんまる》（幼名）、好白

幸村の人柄
壮年期～最期

苦しい謹慎生活ながらも、武将の誇りを貫く

幸村の飾らない人柄が手紙からうかがえる

現存する幸村の手紙は、その人柄をよく示している。率直で親しみやすい性格だったようだ。

信幸宛ての手紙には、年をとったことをわびしく感じるなど、自分を飾らず素直に伝えている。

焼酎好き

九度山蟄居中に、幸村は「どうか壺《つぼ》2個の焼酎をお願いします。もしあれば、このほかにもいただきたい」と手紙にしたためている。

細やかな心遣い

大坂夏の陣直前、姉の村松殿に宛てた手紙では、大坂城に入ったことで実家に迷惑をかけたことをわびるなど、細やかな心遣いが。

娘を案じる親心

幸村が娘・すへの婿に「すへのこと、お見捨てなきよう頼みます」と手紙を書いている。娘を案じる親心が表れている。

◘来る戦のために努力をおしまない◘

幸村は、34 歳から 48 歳までの働き盛りに、14 年間九度山で謹慎生活を送った。老衰する自身を感じながらも、武将としての誇りをもち、日々をすごした。

心に「蟠竜《ばんりゅう》」の勢を保ち続ける

蟠竜とは地にとぐろを巻いて、いまだ天に昇らない竜のこと。いずれ徳川と豊臣のあいだに再び戦が起こることを予見し、準備を怠らなかった。

兵書に目を通すなど、武備を忘れなかった。近隣の地侍に、弓や鉄砲、兵術の手ほどきをした。

大坂冬の陣で幸村の姿を見た人が、「彼は四十四、五歳に見えた。額に二、三寸の傷跡があり、小柄だった」と言っている。年相応で、傷跡から戦場の匂いもうかがわせる小男だった。

九度山時代の手紙からは、さらにその人物像に迫ることができる。ご祝儀にもらった鮭2匹のお礼を手厚く述べたり、京に来ている家臣に焼酎をねだったりと、飾らない人柄がうかがえる。

幸村が残した最後の手紙は、大坂夏の陣の前に姉の夫に宛てて書いたもので「明日どうなるかも予想できないご時世です。私はもう、この世にはいないものと思っていてください」と淡々と述べている。

昂《たかぶ》ることなく最後の戦いへ臨んだ幸村。その落ち着き払った様子が部下に安心感を与え、戦場での活躍につながったのかもしれない。

◆幸村の人柄

戦国武将の幸村評

〝野に放した虎〟。敵にすれば恐ろしい人間

幸村は、紀伊九度山で14年間の謹慎生活をすごすうち、周辺の農民とも親しくなっていた。大坂城から参戦の要請が来たとき、彼らは幸村の心境を察して脱走に協力したという。

「徳川家を苦しめた真田昌幸の息子」として評判が高く、豊臣秀頼は破格の条件で幸村をスカウトした。しかしいざ軍議がはじまると、淀殿《よどどの》や大坂城首脳陣の代表格・大野治長《おおのはるなが》をはじめ、豊臣家譜代の将が発言権を握った。外部から雇われた幸村たち牢人《ろうにん》の意見は軽んじられ、積極的に採用されることはなかった。

同じ牢人のなかにも幸村を敵視する

◘幸村を評価できなかった大坂首脳陣◘

大金で大坂城に招かれたものの、大野治長や淀殿らに作戦を却下されるなど、その扱いは一武将にすぎなかった。

大野治長ら

幸村を疑い、嫉妬する

幸村が東軍のスパイではないかと疑ったり、真田丸の戦いでの武勇を妬んだりするなど、幸村と大坂城諸将には確執があった。

公家 山科言緒《やましなときお》

京の公家らは大坂の陣の武勇を評価

大坂の陣の様子や大坂方の敗北は、その日のうちに京にも伝わった。京の公家のあいだでも、幸村の武勇は周知の事実だった。

武将も賞賛する英雄

徳川方の武将、特に関ヶ原を機に家臣になった大名は、幸村の奮戦を最大級に賞賛した。

細川忠興

「古今にこれなき大手柄」

島津家久

「真田日本一の兵、古《いにしえ》よりの物語にもこれなき由、惣別これのみ申す事に候」

山下秘録(書籍)＊

「日本にてはためし少なき勇士なり。ふしぎなる弓取り（武士）なり」

幸村の奮戦を称える記述も

家久は「幸村が家康の陣所へ突撃し、御陣衆を追い散らし討ち取った。御陣衆は３里ずつ逃げ、生き残った。3度目に幸村は討ち死にした」と残す(P162参照)。

者がいた。それは幸村の名声や待遇に対する嫉妬でもあっただろう。

皮肉にも、徳川方の武将は幸村を高く評価した。家康は「真田が大坂城に入った」と聞いたとき、板戸にかけた手を、ガタガタと震わせたという。父の昌幸がまだ生きているのではないかと思ったのだが、幸村だけと聞いて胸をなでおろしている。しかし大坂冬の陣後、幸村に信濃一国を与えると誘いをかけており、あわよくば幸村を味方につけたい気持ちもあったようだ。

戦場にいた熊本の細川忠興《ほそかわただおき》は、幸村の奮闘を書簡の中で激賞。幸村の最期の様子を手紙で知った薩摩《さつま》の島津家久《しまづいえひさ》（忠恒《ただつね》）も「真田日本一の兵《つわもの》」と評した。戦った相手側や、その逸話を聞いた人をも感服させたわけだ。こうした話から「幸村の恐ろしさ」が喧伝され、後世に伝わったと考えられる。

＊山下秘録は成立年代と作者が不明の書籍。大坂の陣での幸村の奮戦が記録されている。

解説

領民の絶大なる信頼に支えられた治政

上田・小県《ちいさがた》地方の人々は、真田一族を郷土の英雄としていたく尊敬している。県立上田高校の校歌にも、「関八州の精鋭を　ここに挫きし英雄の　義心の後は今もなほ松尾が丘の花と咲く」というフレーズがあるほどだ。

真田昌幸・幸村父子が上田城で活躍したのはわずか17年間。しかし、この間に2度も徳川家を撃退した鮮やかな戦歴が、地元の人の心を惹きつけて離さないのだ。

あの合戦における勝利は、昌幸や幸村たちだけの功績ではない。優れた家臣団の働きや領民たちとの連携の賜物であった。

土豪《どごう》と呼ばれる地域の有力者たちは土地への愛着が非常に強い。昌幸は上田を支配してからも、武田氏による支配体制を変えなかった。服属した土豪たちの本領は基本的に安堵《あんど》するという政策をとり、その支配下にいる領民たちの生活も保障した。この体制は昌幸が去ったあと信幸も踏襲して、支配体制を盤石なものにしている。

その後、上田は仙石氏《せんごくし》や松平氏《まつだいらし》が治めるが、「上田は真田の城下町」という意識が長く潜在し続け、現代へと至る。

クローズアップ◆石高

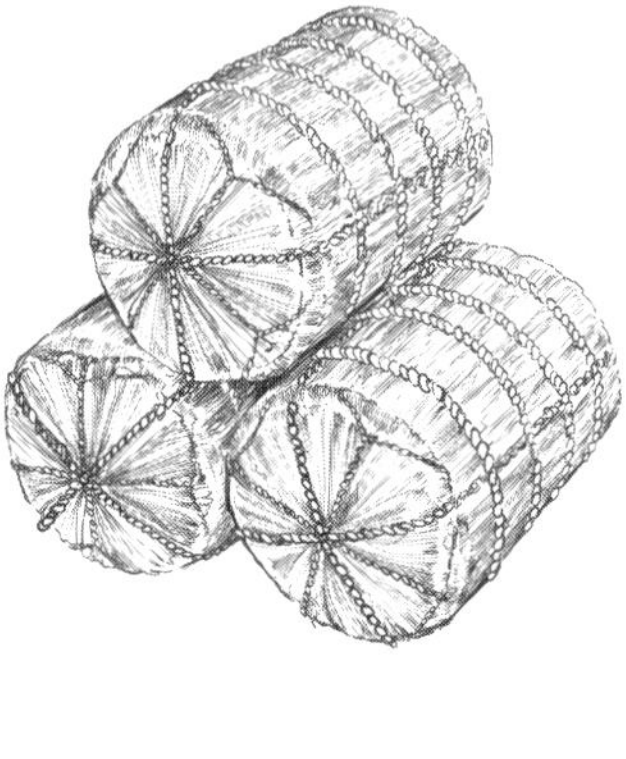

石高《こくだか》とは所領で収穫できる米の量のこと。秀吉の全国統一前は「貫」で表したが、統一後に「石」になった。1貫＝約2石。真田家の所領は、昌幸の時代は上田周辺約2500貫、信幸の時代は上田6万5000石、沼田3万石と、大きく飛躍した。

第3章

真田家をとりまく人物

天下人から忍者まで、幸村とときに協力し合い、ときに敵となって激闘を繰り広げた。戦国乱世をともに走り抜けた人物たち。

戦国大名と真田家関係概略図

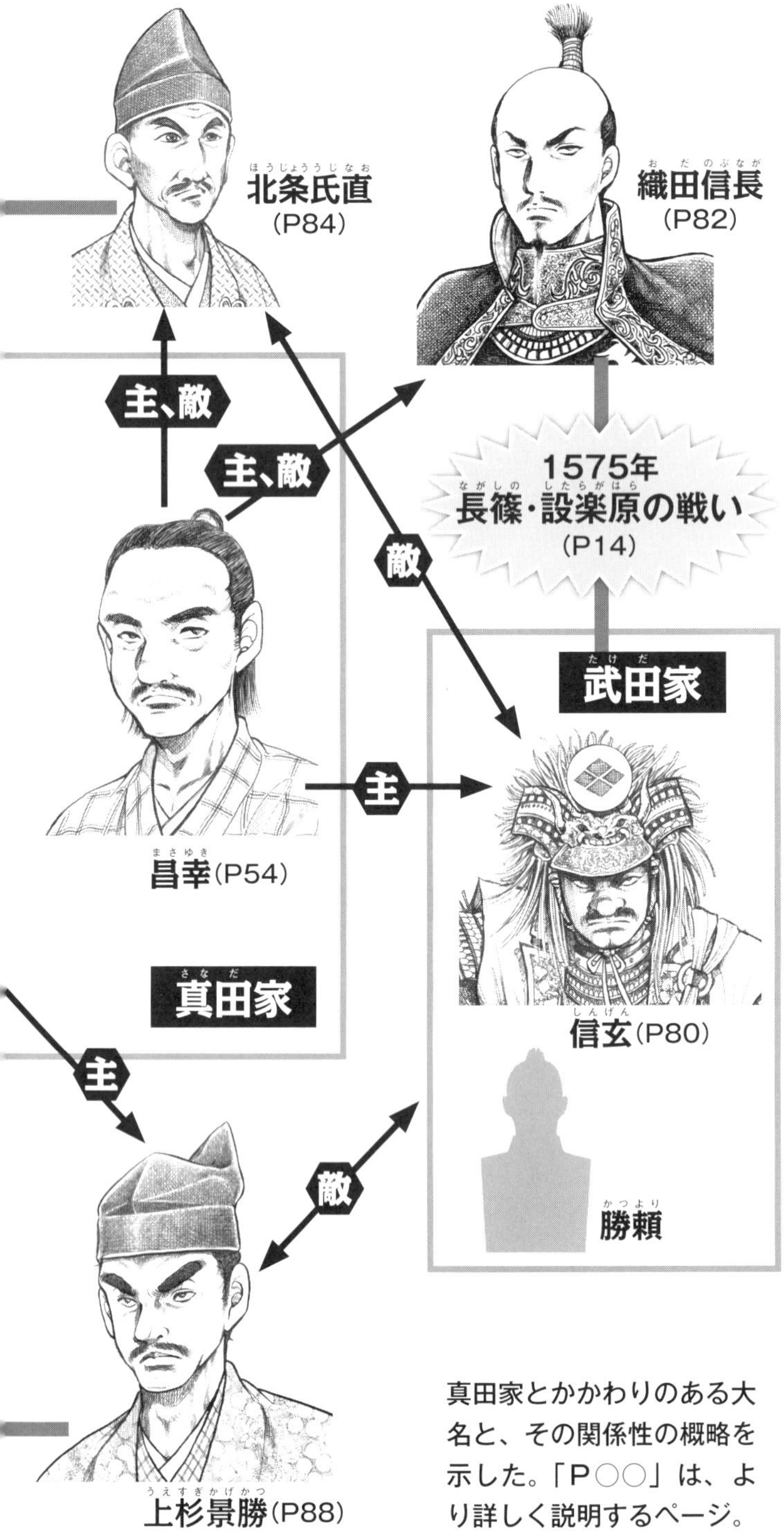

真田家とかかわりのある大名と、その関係性の概略を示した。「P○○」は、より詳しく説明するページ。

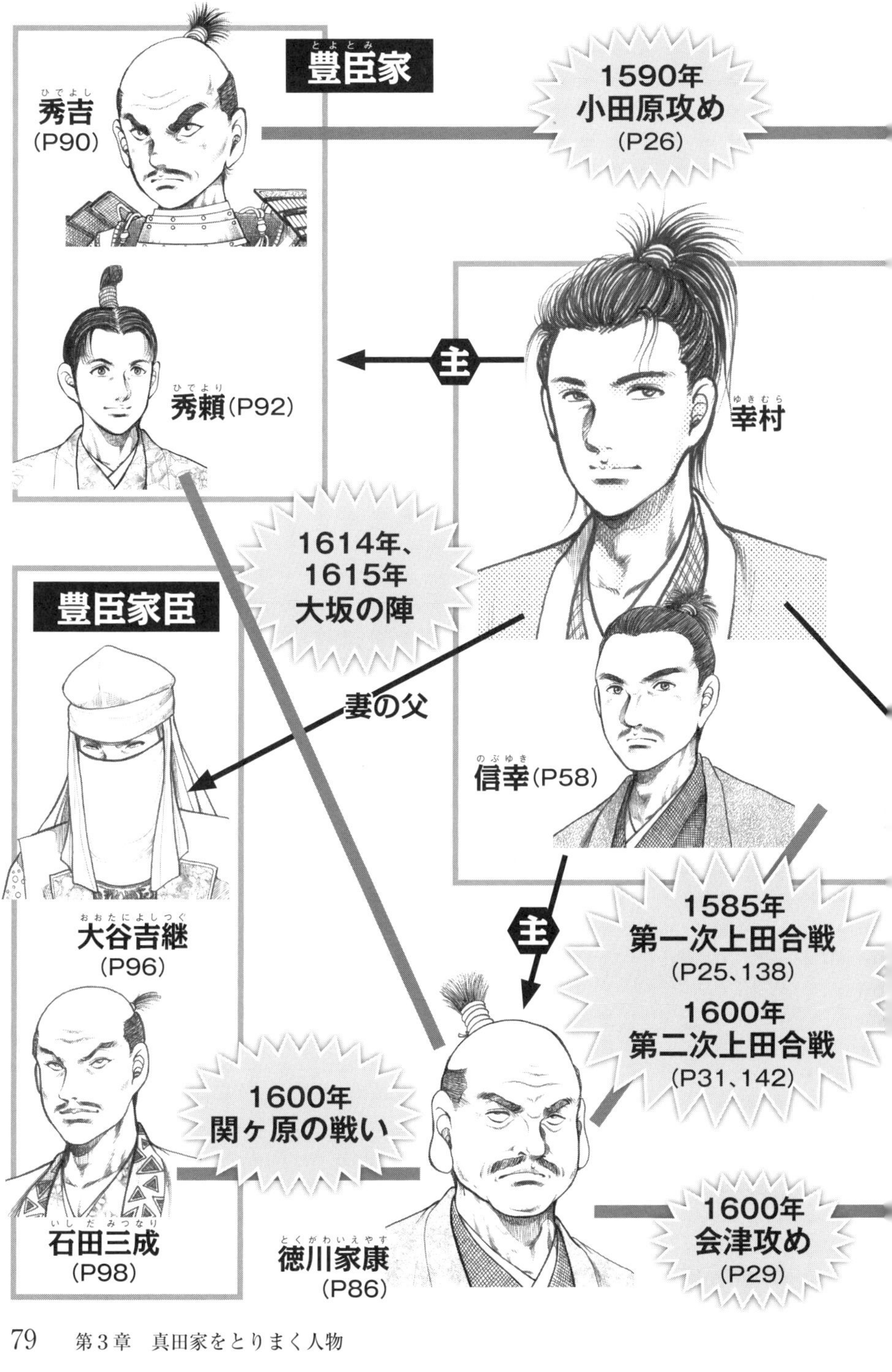
豊臣家《とよとみ》
秀吉《ひでよし》
(P90)
秀頼《ひでより》(P92)
1590年
小田原攻め
(P26)
主
幸村《ゆきむら》
1614年、
1615年
大坂の陣
豊臣家臣
妻の父
信幸《のぶゆき》(P58)
大谷吉継《おおたによしつぐ》
(P96)
主
1585年
第一次上田合戦
(P25、138)
1600年
第二次上田合戦
(P31、142)
1600年
関ヶ原の戦い
石田三成《いしだみつなり》
(P98)
徳川家康《とくがわいえやす》
(P86)
1600年
会津攻め
(P29)

主

武田信玄

幸隆が臣従し、武略で仕えた「甲斐の虎」

信玄の勢力拡大が真田の目的と合致

当時、信濃《しなの》へ侵攻していた信玄《しんげん》。真田家にとって本拠地を追われた敵だが、幸隆は本拠地の回復を最優先に考え、信玄に臣従した。

◆出身
甲斐国《かいのくに》（山梨県）
◆生没年
大永《だいえい》元（1521）～元亀《げんき》4（1573）年
享年 53
◆別名
晴信《はるのぶ》、太郎（幼名）、甲斐の虎（あだ名）

**人を使うのではなく
その人の能力を使うのだ**

信玄は、家臣の素質、能力を生かし、戦や領内統治に役立てた。幸隆の才覚は信玄の目にかない、新参者ながら重用されることに。

「信玄」は入道（出家）後の法名で、本名は晴信。

真田が躍進するきっかけになった戸石城攻め

戸石城は鉄壁の城。信玄は幸隆に、城攻めが成功したら旧領地を与えると約束。幸隆はその期待に応え、戸石城を奪還した。

戸石城

信玄（負） vs **村上義清**（勝）

村上義清《むらかみよしきよ》は、真田の旧領地を支配する強敵。信玄は戸石城を力攻めにしたが落とせなかった。

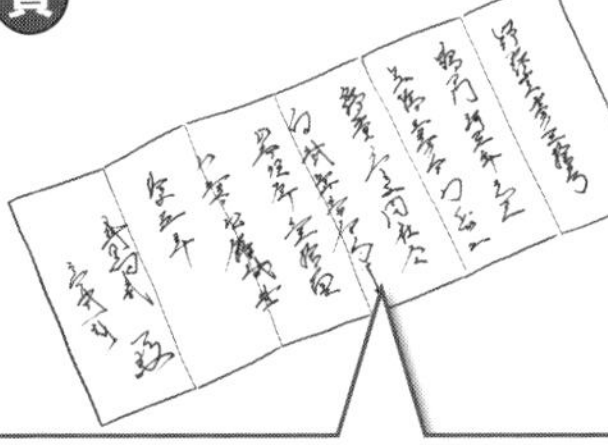

↓

幸隆に任せる

信玄から幸隆宛の宛行状《あてがいじょう》

（前略）今度のこと（戸石城攻め）がうまくいったら、諏訪形《すわがた》（上田地区）３００貫文と横田遺跡上条《よこたいせきじょうじょう》の地（不詳）と合わせて千貫文の地をおまえにやろう

天文十九年七月二日　**花押**

↓

幸隆、戸石城を奪還 ＝ 旧領地と地位を確立

本名を武田晴信という。家臣に擁立されて父・信虎《のぶとら》を追放し、21歳で武田家の当主となった。すでに父の代に、本拠地の甲斐はほぼ統一されていたため、信濃侵出に乗り出していく。

信玄が当主となってから数年後、信濃を追われていた真田幸隆が、信玄の配下に属した。信濃侵出をめざす信玄と、旧領を取り戻したい幸隆の思惑が一致し、力を合わせることになったのである。

その後、上田原《うえだはら》の戦いや戸石城《といしじょう》の戦いに大敗するなど苦難が続くが、天文《てんぶん》20（1551）年には北信濃を除く信濃全域を支配する。上杉謙信《うえすぎけんしん》との「川《かわ》中島《なかじま》の戦い」は痛み分けに終わったが最終的に北信濃を制圧、今川氏真《いまがわうじざね》を滅ぼして駿河《するが》を手中に収める。そこから東海道を西上し、織田信長《おだのぶなが》との決戦に挑もうとするが、途上で病死した。

敵➡主

織田信長

勝頼亡きあとの主となり、真田家の危機を救う

尾張《おわり》の小大名だったが、永禄《えいろく》3（1560）年に「桶狭間《おけはざま》の戦い」で今川義元《よしもと》を破ってから天下統一へ乗り出す。美濃《みの》から近江《おうみ》へ進出し、上洛《じょうらく》を果たして室町幕府を再興し、天下人に最も近い男に。武田信玄が存命中、周辺勢力が「信長包囲網」を敷いたため窮地に陥るが、信玄の死により再び優勢となる。「長篠・設楽原の戦い」で武田勝頼に勝利し、7年後の天正《てんしょう》10（1582）年に武田氏を滅亡させた。

このとき、真田昌幸は信長が関東へ派遣していた滝川一益《たきがわかずます》を通じ、いち早く臣従して家の安泰を保った。しかし、信長は同年6月に本能寺《ほんのうじ》で倒れた。

真田は臣属して、一時の平穏を得る

信長は、支配した土地を分割し、家臣に統治させていた。上《こう》野国《ずけのくに》と小県《ちいさがた》・佐久《さく》郡は、信長の腹心・滝川一益に任された。

敵

信濃に侵攻し、武田家臣で幸村の伯父の真田信《のぶ》綱《つな》・昌輝《まさてる》を長篠・設楽原の戦いで討ち死にさせる（P17参照）。

主

武田が滅亡し、大名の領地争いに巻き込まれた昌幸の臣従を受け入れる（P22参照）。

天正10（1582）年4月 昌幸は滝川一益を通じ、馬を贈って臣属。

信長は喜んで、「心をこめて親しくつきあおうとする気持ちがよくわかる。特に馬形や乗り心地は比類なく、すばらしい」と返書を送る。

同年6月 本能寺の変、勃発

臣属もつかのま、真田家は再び混乱へ（P22参照）。

◘歴史をぬりかえる圧倒的な強さ◘

鉄砲など新しい文明を取り入れる柔軟性と、関所の廃止や市場の自由化など常識を覆す発想力で、国を豊かにした。兵士と農民を区別し、実力重視の人材活用で最強の軍団をつくる。

天下布武《てんかふぶ》（天下統一）

永禄10（1567）年ごろから用いはじめた言葉。武家が天下を握るという意志を示した。

◆出身

尾張国

（愛知県西部）

◆生没年

天文3（1534）～

天正10（1582）年

享年49

◆別名

吉法師《きっぽうし》（幼名）、三郎、上総守《かずさのかみ》、第六天魔王（あだ名）など

幼いころは、常識はずれの服装や行動で「うつけ」とバカにされた。しだいに頭角を現し、破竹の勢いで天下統一を進めた。

主→敵

北条氏直

本能寺の変後、後ろ盾として真田に頼られ、裏切られる

相模《さがみ》の小田原城《おだわらじょう》を拠点とする北条氏の5代目。父・氏政《うじまさ》とともに政務をとり、実権は父にあった。

織田信長が「本能寺の変」で横死すると、滝川一益を破って上野を攻略。さらに甲斐を巡って徳川家康と激しく争ったが、和睦して甲斐を譲った。

天正17（1589）年、北条家臣の猪俣邦憲《いのまたくにのり》が真田昌幸の城・名胡桃城《なぐるみじょう》を奪取すると、これを問題視した豊臣秀吉が小田原攻めを開始。翌年、小田原城は落ちた。父・氏政は切腹《せっぷく》、氏直は高野山で謹慎、翌年に病死した。

江戸時代に氏直の養子、氏盛《うじもり》が家督を継ぎ、北条は小大名として復活した。

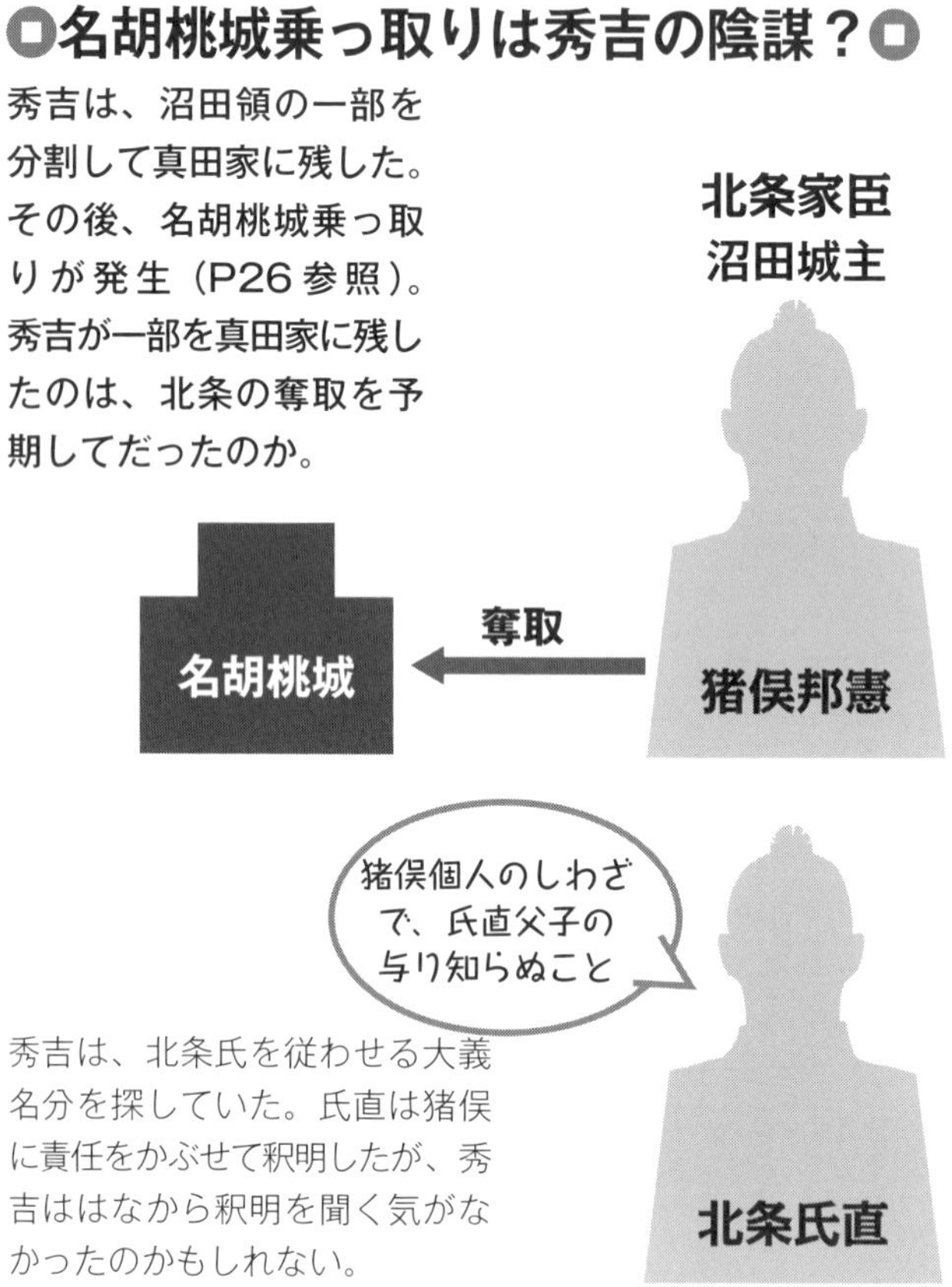
名胡桃城乗っ取りは秀吉の陰謀？
秀吉は、沼田領の一部を分割して真田家に残した。その後、名胡桃城乗っ取りが発生（P26参照）。秀吉が一部を真田家に残したのは、北条の奪取を予期してだったのか。
北条家臣
沼田城主
猪俣邦憲
奪取
名胡桃城
猪俣個人のしわざで、氏直父子の与り知らぬこと
北条氏直
秀吉は、北条氏を従わせる大義名分を探していた。氏直は猪俣に責任をかぶせて釈明したが、秀吉ははなから釈明を聞く気がなかったのかもしれない。

母は信玄の娘、妻は家康の娘

信玄の孫という名目で、武田家領地の領有権を主張。たびたび上野や信濃へ侵攻した。家康が秀吉と北条家のとりもちをしたが、氏直と氏政は上洛を最後まで拒み続けた。

◆出身
相模国（神奈川県）
◆生没年
永禄 5（1562）～
天正 19（1591）年
享年 30
◆別名
国王丸（幼名）、新九郎（通称）、見性斎《けんせいさい》

新九郎は北条家当主の通称。小田原攻め後、家康の婿ということで氏直は助命され、高野山へ配流後、見性斎と名乗った。

「小田原評定《ひょうじょう》」の語源となった

氏政は秀吉への抗戦を主張した主戦派で、氏直は穏健派といわれる。主戦派と穏健派の議論が対立し、和議か抗戦か結論がでないまま籠城《ろうじょう》が長引き、滅亡につながったという。

主 → **敵**

主：信長の死去後、真田昌幸の臣属を受け入れる（P23 参照）。

敵：昌幸が徳川に乗り換える。徳川との和議により真田領沼田の割譲を要求（P24 参照）。

敵➡主➡敵

徳川家康

何度も戦った敵。翻弄されるも死闘を制す

◘戦国を狡猾に生き抜いた男◘

◆出身　三河国《みかわのくに》(愛知県東部)
◆生没年
天文11(1542)~
元和2(1616)年
享年75
◆別名
竹千代(幼名)、次郎三郎(通称)、松平元信《まつだいらもとのぶ》、松平元康《もとやす》など

当初は弱小大名だった徳川家。強大な大名への臣属や同盟によって力をつけ、天下に名を知られるように。豊臣家臣以後は、政治的に天下を掌握し、秀吉死後、天下人となった。

敵 → **主** → **敵**

敵　真田に沼田領の譲渡を拒否され、真田家の小県郡へ侵攻(P24 参照)。

主　秀吉の裁断に従い、真田昌幸の臣属を受け入れる(P26 参照)。

敵　関ヶ原の戦い以降、再び敵対(P30 参照)。最後まで敵として戦った。

真田家の武略に何度も苦しめられる

家康は、真田家と何度も武力衝突した。戦《いくさ》上手で知られる徳川軍だが、強大な兵力をもってしても、真田軍にはなかなか勝てなかった。

真田家		徳川家康
勝	**1585年 第一次上田合戦（昌幸、信幸）** 真田に沼田領の割譲を要求したが拒否される。徳川と真田は断交し、上田城を攻めたが落とせず、撤退した（P24参照）。	負
勝	**1600年 第二次上田合戦（昌幸、幸村）** 石田三成が徳川に敵対して挙兵。秀忠軍が、三成に与した昌幸と幸村の上田城を攻めたが落とせず、関ヶ原に遅れた（P30参照）。	負
勝	**1614年 大坂冬の陣（幸村）** 豊臣と徳川が敵対。徳川軍は大軍で迫ったものの、真田丸の攻防により大損害を被り、和議へ持ち込んだ（P40参照）。	負
負	**1615年 大坂夏の陣（幸村）** 和議が破られ、大坂城外で野戦に。真田軍の決死の突撃が家康の本陣に迫ったが、結局真田軍は総崩れに（P46参照）。	勝

三河の土豪《どごう》である松平氏の子として生まれる。松平氏は弱小だったため、家康は織田氏や今川氏の人質として幼少期を過ごした。織田信長が台頭すると、その盟友として力を伸ばす。

信長の死後、領主がいなくなった甲斐・信濃・上野の所有権を巡って北条や上杉と争うなかで、真田家との抗争もはじまる。信長の後継者となった豊臣秀吉とも争うが、のちに和睦。秀吉が天下統一するとその筆頭家臣となり、さらに力を蓄える。

秀吉死去後、豊臣政権内で起きた「関ヶ原の戦い」に勝利。征夷大将軍《せいいたいしょうぐん》に就き、天下人となった。

その後、大坂の陣で豊臣家を滅ぼし、260年に及ぶ泰平の世（江戸時代）を築き上げた。真田一族を筆頭に、数々の難敵との戦いを乗り越え、苦心と我慢を重ねた末の天下統一だった。

敵➡主

上杉景勝

徳川の進撃に備え、幸村を人質として預かる

「越後の龍」の家督争いに勝つ

上杉謙信は実子がなく、跡継ぎを指名せずに急逝《きゅうせい》。2人の養子が家督を巡って「御館の乱」を起こし、越後《えちご》が二分され周囲の大名をも巻き込んだ。争乱は景勝が制し、上杉家を継承した。

謙信は天正6(1578)年に死去。死因は脳出血といわれる。享年49。義を重んじ、敵にも誠意を尽くし、諸大名に信頼された。

武田信玄のライバルとして名高い、上杉謙信の養子。母は謙信の姉にあたる仙桃院《せんとういん》。謙信には子がなく、養子が2人いたため「御館《おたて》の乱」が起こり、景勝はこれに勝った。

織田信長の死後、信濃へと侵攻。徳川や北条と争うなかで、真田昌幸とも争った。当初は戦うが、昌幸が臣従を申し出るとそれを受け入れ、上田城へ援軍を送るなど力を貸した。一時期、幸村を人質として保護下に置く。

景勝は豊臣秀吉政権の五大老《ごたいろう》の一人となる。同じ五大老の徳川家康と対立するが、関ヶ原の戦いで敗戦。その後は徳川に従い、江戸時代をすごす。

◘静かなる名将が真田の後ろ盾に◘

秀吉に真田を徳川へ返還するよう命じられるまで、真田を援助した。真田昌幸はその誠意に深く感謝し、終生恩義を感じていた。

敵 → **主**

謙信の時代から、武田家臣の真田とは上野を争う敵どうし（P16 参照）。武田滅亡後も、北条や徳川方の真田と戦った。

沼田割譲の危機に瀕した昌幸の、臣従の申し入れを受ける。人質として幸村を預かる（P24 参照）。

◆出身
越後国《えちごのくに》（新潟県）
◆生没年
弘治《こうじ》元（1555）～
元和９（1623）年
享年 69
◆別名
卯松《うまつ》（幼名）、長尾顕《ながおあき》景《かげ》、越後中納言など

背は低く、両眼が鋭く光っていた。非常に寡黙で、家臣もそれを承知していたため、上洛のさいは足音だけが聞こえたという。

元服前の幸村に所領を与えた

景勝は、幸村に「屋代一《やしろいっ》跡《せき》（上杉から離反した屋代氏の領地）」を給付した。幸村がその領地の家臣に宛てた書状も残る。幸村は 19 歳で元服前だった。

主

豊臣秀吉

幸村に豊臣の姓を与え、武将として成長させる

天下人として全国の大名を制圧する

織田信長亡きあと、武力と政治の力で全国の大名を臣従させる。小田原攻めをもって、天下統一を達成した。

真田は表裏《ひょうり》比興《ひきょう》の者《もの》である

上杉景勝宛ての手紙で昌幸を指した表現。表裏者ともいう。人物に表裏があって、油断がならない者のこと。

◆出身
尾張国？（愛知県西部）
◆生没年
天文6（1537）～慶長3（1598）年
享年62
◆別名
木下藤吉郎《きのしたとうきちろう》、羽柴秀吉《はしばひでよし》、藤原秀吉、戦国一の出世頭（あだ名）など

一代で大名に成り上がったことから、「戦国一の出世頭」と評される。人心掌握術に長け、「人たらし」と呼ばれた。

真田を政争の道具にする

秀吉は、最初家康を成敗するつもりだったが、翌年家康を懐柔する方向へ戦略を転換。家康の歓心を買うために、真田を利用した。

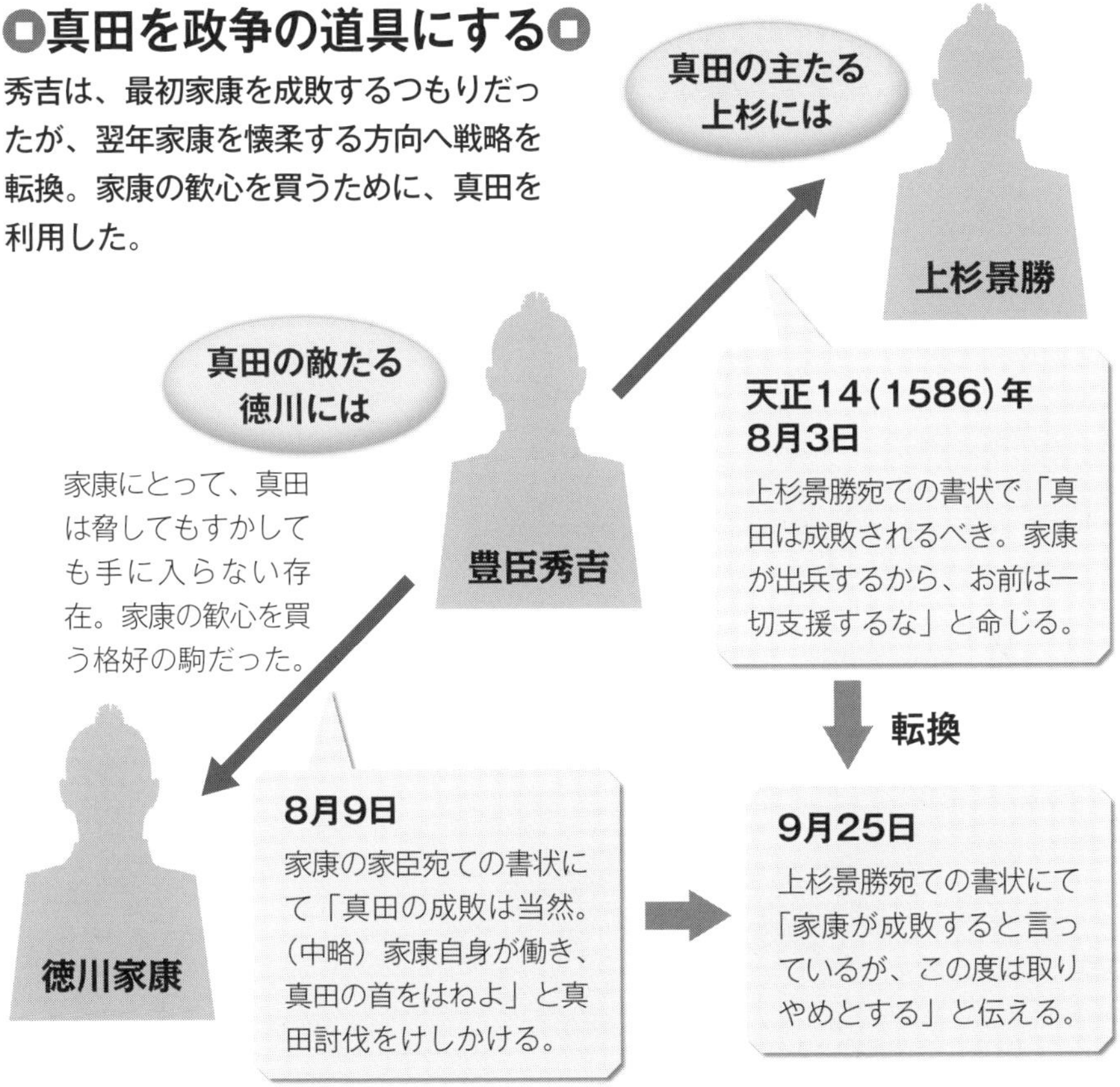
真田の主たる上杉には
上杉景勝
真田の敵たる徳川には
家康にとって、真田は脅してもすかしても手に入らない存在。家康の歓心を買う格好の駒だった。
豊臣秀吉
天正14（1586）年8月3日
上杉景勝宛ての書状で「真田は成敗されるべき。家康が出兵するから、お前は一切支援するな」と命じる。
転換
徳川家康
8月9日
家康の家臣宛ての書状にて「真田の成敗は当然。（中略）家康自身が働き、真田の首をはねよ」と真田討伐をけしかける。
9月25日
上杉景勝宛ての書状にて「家康が成敗すると言っているが、この度は取りやめとする」と伝える。

出自について詳しくはわからないが、農民の子といわれ、その下級階層から織田信長に仕えて次々と功績を挙げ、出世を重ねる。卓越した智謀と人を惹きつける天性のカリスマで、信長死後の天下をまとめ上げた。

真田との直接のかかわりは、天正14（1586）年ごろ。上杉景勝が秀吉に臣従したため、真田も秀吉の支配下に入る。このとき景勝の下にいた幸村が秀吉の下へ移り、豊臣の人質になった。

秀吉は幸村を従五位下《じゅごいげ》左衛門佐《さえもんのすけ》に叙任し、大谷吉継の娘を娶《めと》らせるなど目をかけ、真田との結びつきを強める。一方で真田を徳川の支配下に組み入れるなど巧みな政治工作も行った。しかし、後継者は幼子の秀頼だけしか残せず、自身の死後に家臣の分裂（関ヶ原の戦い）を引き起こすことになった。

主

豊臣秀頼

家康に攻められ、九度山の幸村を大金で招く

文禄《ぶんろく》2（1593）年に誕生した秀頼は、豊臣秀吉57歳のときの子。京の伏見城《ふしみじょう》で大切に育てられ、秀吉の死後、遺命により大坂城《おおさかじょう》に移った。

関ヶ原の戦いのとき、まだ8歳だった秀頼。その後、政権は徳川家康の手に握られていくが、秀頼は何ら手を打てず大坂城ですごした。しかし、大名への影響力は強く、幸村のように秀頼に心を寄せる者も多かった。そのために家康に大坂の陣を起こされ、攻め滅ぼされる。享年23。大坂城の実権は母の淀殿《よどどの》にあったとされ、秀頼自身の意思が政務や合戦にどこまで影響したかは、よくわかっていない。

実権は母の淀殿が握っていた

秀吉が亡くなったとき、秀頼は6歳。豊臣家の事実上の家長は、秀頼の母である淀殿が担った。秀頼が成長して右大臣になっても、実権は相変わらず淀殿が握っていた。

淀殿

◆**出身**
近江国《おうみのくに》（滋賀県）
◆**生没年**
永禄12（1569）～
慶長20（1615）年
享年47

淀殿は信長の妹・お市《いち》の長女。プライドが高く、豊臣の家柄を誇るとともに、家来だった徳川家を見下していた。

戦知らずの天下人、秀頼は幸村をとりたてる

秀頼は、武家の生まれながら生涯戦場に出ることはなかった。幸村が大坂冬の陣で武功を挙げたことから、秀頼は幸村に目をかけ、その柔和な人柄を慕ったという。

花のようなる秀頼様を
鬼のようなる真田が連れて～
大坂の陣後、京で流行した童歌《わらべうた》。生存説が、全国でまことしやかにささやかれた（P50 参照）。

豊臣秀頼

◆出身
摂津国《せっつのくに》（大阪府）
◆生没年
文禄《ぶんろく》2（1593）～
慶長 20（1615）年
享年 23
◆別名
拾《ひろい》、拾丸（幼名）

生まれたのは、朝鮮出兵（P28 参照）のころ。小柄な秀吉とは違い、祖父・浅井長政《あざいながまさ》に似て大柄だったといわれる。

歴史の舞台裏4

戦国時代は忍者が活躍し、大名に重宝された

戦国時代には武士のほかに、特殊な職業の者が活躍した。それが「忍者」「忍び」だ。

徳川家康に仕えた服部半蔵《はっとりはんぞう》のように伊賀《いが》出身の者「伊賀者《いがもの》」が有名だが、特定の地域だけでなく全国各地に忍者は存在した。その源流は古代中国の兵法書『孫子《そんし》』に記され、日本では飛鳥時代に聖徳《しょうとく》太子《たいし》が「志能便《しのび》」（しのび＝忍者）を使っていたと伝わる。

わかりやすくいえば、忍者の主な役割は、敵の領地に忍び込み、情報を持ち帰るなどの「諜報活動」、そして敵の領内に損害を与えるなどの「破壊活動」だ。

当然、体力や脚力に優れた者たちが適任。彼らは東北の出羽三山《でわさんざん》、信濃の戸隠山《とがくしやま》、紀伊の熊野地方などにこもり、修行のため山岳地帯に住む集団もできた。

伊賀や甲賀《こうか》など大名の支配を受けずに自治を行い、独自の勢力を保持した集団がいる一方、在地豪族の一部が大名の保護を受け忍者として働くこともあった。武田、上杉、北条などの有力な戦国大名は忍者を数多く抱え巧みに用いた。忍者の用い方が戦局を左右することも多かったのだ。

クローズアップ◆忍び装束

いつも「あの」格好ではない

忍者といえば、黒頭巾に黒装束の「忍び装束」。しかし、日中は怪しまれてすぐ捕まってしまう。

ふだんは目的に応じ、忍者と露見しない格好で任務についた。農民など土地に根付いた者や、商人や山伏など全国を渡り歩く者に扮することが多かったようだ。

◘戦国大名の下で働いた主な忍者集団◘

図は大名に仕えた主な忍者集団。戦国時代は特に情報が重要で、大名は忍者を使って、各地の情勢を調べ、戦を有利に運ぶための工作を行った。

忍者は、山岳信仰や修験道《しゅげんどう》の盛んな地域や、農業地帯や交通の要衝となる地域に多い。ここに紹介したものは、ごく一部にすぎない。

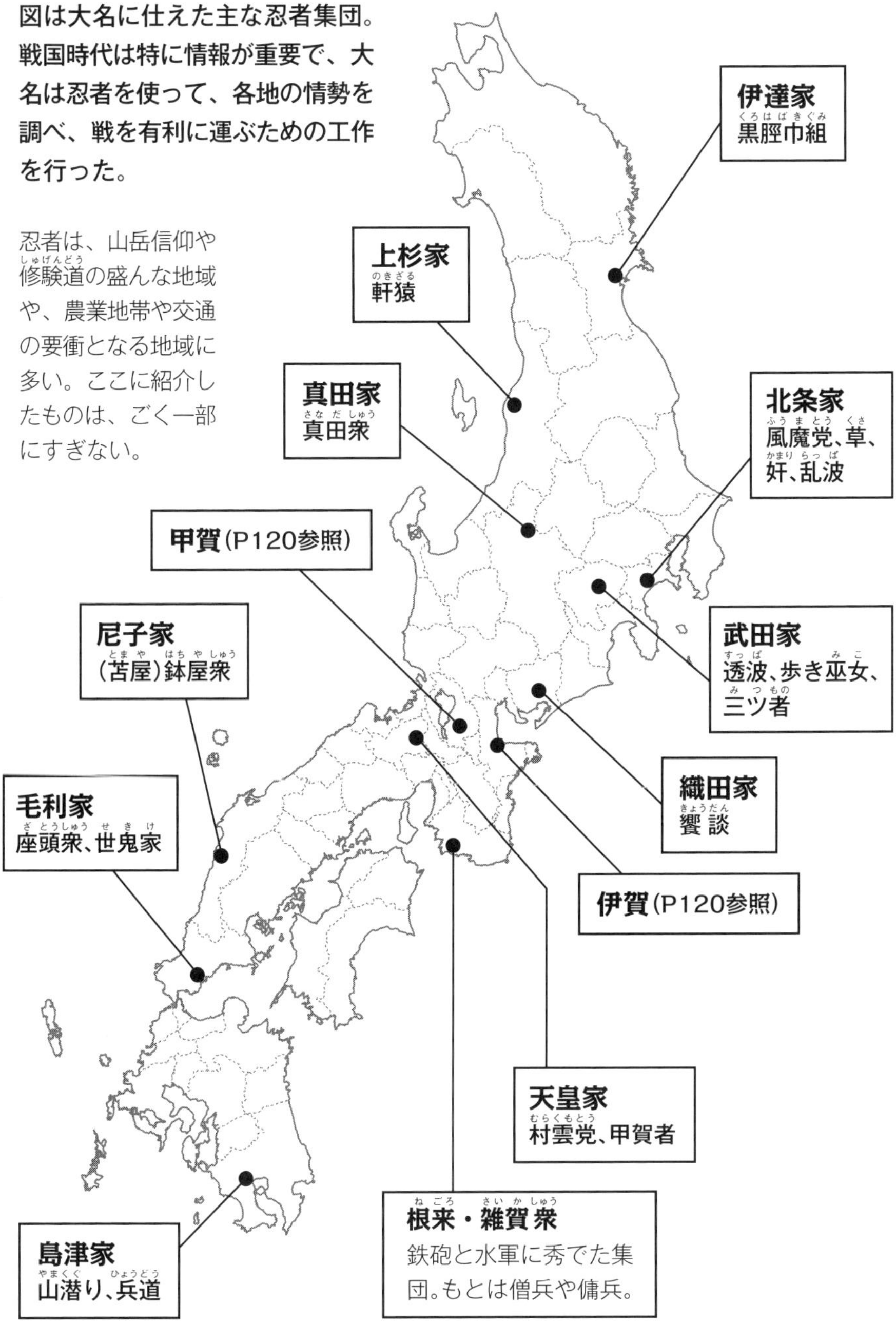
伊達家
黒脛巾組《くろはばきぐみ》
上杉家
軒猿《のきざる》
真田家
真田衆《さなだしゅう》
北条家
風魔党《ふうまとう》、草《くさ》、奸《かまり》、乱波《らっぱ》
甲賀(P120参照)
尼子家
(苫屋《とまや》)鉢屋衆《はちやしゅう》
武田家
透波《すっぱ》、歩き巫女《みこ》、三ツ者《みつもの》
毛利家
座頭衆《ざとうしゅう》、世鬼家《せきけ》
織田家
饗談《きょうだん》
伊賀(P120参照)
天皇家
村雲党《むらくもとう》、甲賀者
根来《ねごろ》・雑賀衆《さいかしゅう》
鉄砲と水軍に秀でた集団。もとは僧兵や傭兵。
島津家
山潜《やまくぐ》り、兵道《ひょうどう》

恩人

大谷吉継《おおたによしつぐ》

幸村の岳父。三成との義に殉じ、関ヶ原で散る

「賢人」と名高い名将

幕末の書物『名将言行録《めいしょうげんこうろく》』によると、吉継《よしつぐ》は「才智聡《さいちそう》穎《えい》、勤労倦《う》まず」「汎《ひろ》く衆を愛し、智勇を兼ね、能《よ》く邪正《じゃせい》を弁ず」とある。世の人は吉継を賢人と称した。

◆出身
不詳
(一説には近江国《おうみのくに》)
◆生没年
生年不詳(永禄2?)~
慶長5(1600)年
享年42?
◆別名
大谷刑部《ぎょうぶ》、紀之介《きのすけ》(幼名)、平馬《へいま》(通称)、吉隆《よしたか》

吉継は、秀吉から「吉」をもらい、改めた名前。一部史料には「吉隆」の別名も見られる。刑部少輔《ぎょうぶのしょう》に叙任されたことから、一般には大谷刑部と呼ばれる。

◘娘を介した縁で真田と結ばれる◘

吉継と真田家は、娘・竹林院《ちくりんいん》が幸村に嫁ぐことで縁戚関係を結んだ。秀吉がこの婚姻をとりもち、豊臣家臣としての絆を深めた（P62 参照）。

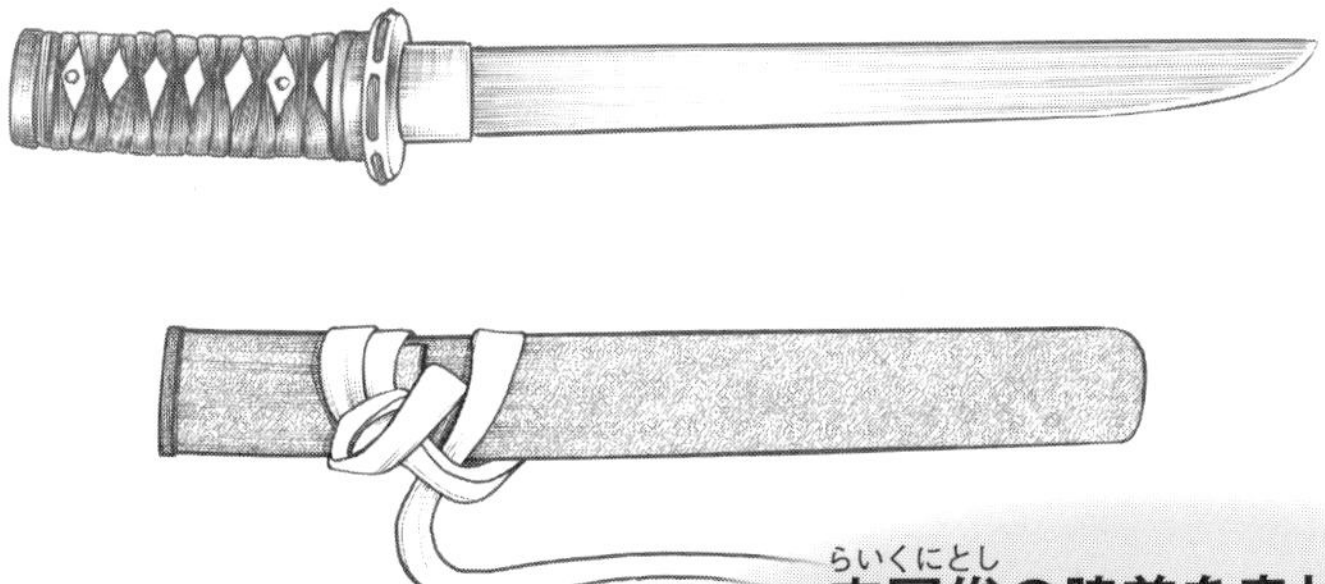

来国俊《らいくにとし》の脇差を幸村に贈る

「幸村が差すと、どんな名刀も切れなくなる」というウワサが流れた。吉継はその話を聞き、名刀・来国俊の脇差を幸村へ与えたという。

大坂の陣時、竹林院に形見として託される

竹林院が大坂の陣後に捕らえられたとき、黄金 57 枚と脇差を持っていた。幸村は、形見として脇差を竹林院に預けたようだ。

関ヶ原挙兵時、真田家の妻たちを保護する

当時、昌幸の妻・山手殿《やまてどの》と竹林院《ちくりんいん》は、大坂で生活していた。西軍の人質にされそうになったところ、吉継が彼女たちを保護した。

豊臣秀吉が長浜城主《ながはまじょうしゅ》であったころ、小姓として召し抱えられた。武勇や統率力に優れ、賤ヶ岳《しずがたけ》の戦いで七本槍に匹敵する手柄を立て、やがて敦賀《つるが》（福井県）5万石の大名に出世する。

吉継は、ある時から感染症を患った。皮膚が爛《ただ》れて目が不自由になり、そのため顔を白い頭巾で覆っていた。ある茶会で、病気もちの吉継が口をつけた茶碗は誰もが嫌い、飲むふりをするだけだった。石田三成だけはその茶碗でふだんどおりに飲んだ。以後、2人は無二の親友になったという。

三成に味方した「関ヶ原の戦い」で、吉継は2000の兵で小早川秀秋《こばやかわひであき》勢1万5000の近くに布陣した。足が不自由だったため、輿《こし》に乗って参陣。戦のさなか裏切った小早川勢を、何度も押し返すなど奮戦を見せた。西軍が崩壊に及ぶと自刃し、戦場に散った。

盟友

石田三成

妻が結んだ縁で、関ヶ原の戦いへ幸村を巻き込む

◘才智に長けた政治家◘

軍事物資の輸送や領国行政などに才能を発揮し、秀吉に奉《ぶ》行《ぎょう》として仕えた。武断派《ぶだんは》の大名との衝突が多く、吉継からは将たる器ではないといわれていた。

◆出身
近江国（滋賀県）
◆生没年
永禄３（1560）～
慶長５（1600）年
享年41
◆別名
三也《みつなり》、治部少輔《じぶのしょう》、佐吉《さきち》
（幼名、通称）

関ヶ原挙兵を昌幸に叱責され謝る

三成は、相談なしに決起したことで、昌幸に責められた。三成は弁明し、「昌幸にはからず事を起こし、今は後悔している」と詫びた。

家紋とされた「大一大万大吉」は、「万人が一人に、一人が万人に尽くせば、太平の世が訪れる」という意味。縁起のよい文字でもある。

幸村の妹が三成の妻の兄弟に嫁いだ？

年齢や時期的な観点から、幸村の妹・於菊《おきく》が三成の妻の兄弟に嫁いだという。かつては、山手殿の妹が三成の妻という説もあった。

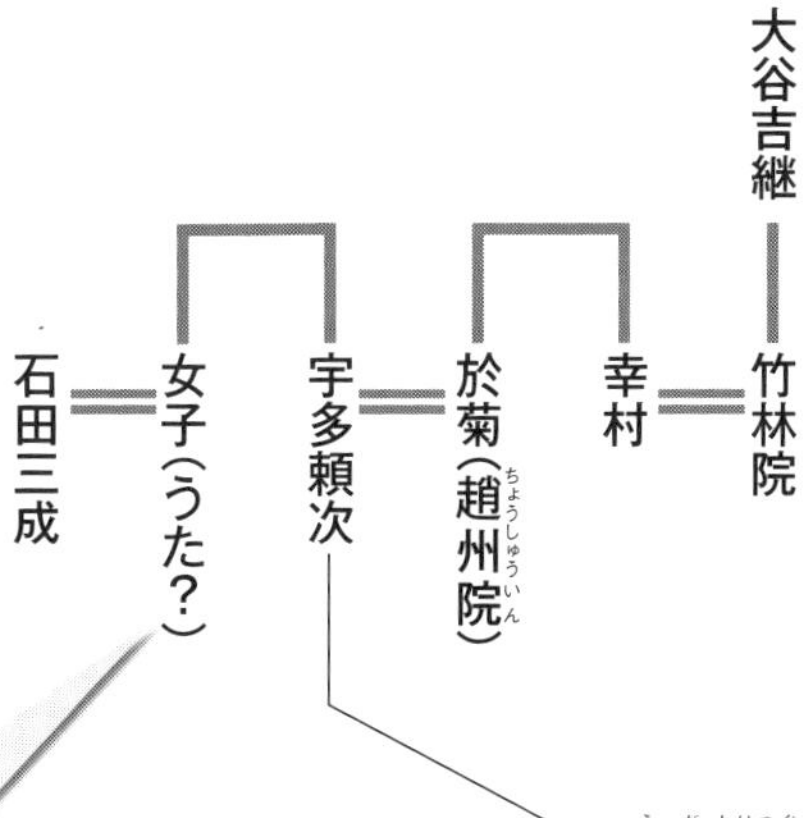
大谷吉継
竹林院
幸村
於菊（趙州院《ちょうしゅういん》）
宇多頼次
女子（うた？）
石田三成

宇多頼次《うだよりつぐ》は、豊臣家臣で大和《やまと》・河内《かわち》の大名である宇多頼忠の息子。

山手殿が妻の姉という説もある

頼次の妹が、石田三成に嫁いだ。頼次は三成の父の猶子《ゆうし》となり、石田刑部少輔を名乗った。これが三成と誤解されて、この説が生まれたようだ。

山手殿は宇多頼忠の娘という説もある（P56参照）。

近江の出身。幼いころ、長浜城主時代の羽柴秀吉に小姓として仕えた。頭脳明晰《めいせき》さを秀吉に買われ、側近として活躍するようになる。

秀吉が大坂を支配すると堺奉行に、九州を支配すると博多奉行に命じられるなど、優秀な行政官として活躍し、秀吉の天下統一に貢献した。朝鮮出兵《ちょうせんしゅっぺい》では兵站《へいたん》を担当。主に兵糧《ひょうろう》や武器の輸送を行い、戦場を後方から支援していた。

秀吉の死後、徳川家康の専横を防ぐため、反家康派の諸将を集めて挙兵。「関ヶ原の戦い」の実質的な指導者・旗頭となる。

このとき、真田昌幸にも加勢を求め、昌幸と幸村は三成に味方した。しかし、戦場では吉川広家《きっかわひろいえ》や小早川秀秋らに裏切られるなどして敗北。敗戦後、家康の命令で処刑された。

盟友

後《ご》藤《とう》基《もと》次《つぐ》

「槍の又兵衛」で知られる、豊臣五人衆の一人

◘大坂方きっての歴戦の将◘

◆出身

播磨国《はりまのくに》（兵庫県）

◆生没年

永禄３（1560）～

慶長20(1615)年

享年56

◆別名

又兵衛

基次《もとつぐ》は機知に富んだ武将で、朝鮮の役でも数々の逸話を残す豪傑《ごうけつ》。黒田家を出奔後、多くの大名が基次を家臣にしようとしたが、黒田長政《ながまさ》に抗議され、断念したという。

播磨の三木《みき》城主・別《べっ》所長治《しょながはる》の家臣、後藤基国《もとくに》の子。黒田官兵《かんべ》衛《え》孝高《よしたか》（如水《じょすい》）に養育され、長政とは兄弟のように育ったが、折り合いが悪かった。

"反主流"の幸村と戦略が一致

幸村や基次ら実戦派は、戦機を見極めて先制攻撃策を主張。しかし大野治長《おおのはるなが》ら秀頼の側近衆はそれに反対し、大坂城を頼みにした籠城策をとった。

黒田官兵衛に養育される
三木城が秀吉に攻められ落城する直前、基次は黒田官兵衛に引き取られる。

数々の武功を立てる
朝鮮出兵で武功を挙げる。関ヶ原でも、東軍についた長政の家臣として戦う。

黒田長政の下から出奔
長政と喧嘩をし(一説には、基次の子を侮辱されたことに怒って)、出奔する。

大坂の陣に参戦

出丸策を幸村に譲る
基次も大坂城の弱点を見抜き、要塞を築こうとした。幸村はそれを知らず、真田丸を築いた。基次は激怒したが、大坂方が幸村の内通を疑っていると知ると、幸村を擁護し争いをやめた。

小松山《こまつやま》にある基次の慰霊碑。現在は玉手山《たまでやま》古墳群と呼ばれ、古戦場碑もある。

写真提供：真優舎

後藤又兵衛という通称で知られる。黒田長政に仕え、九州攻めや朝鮮出兵に参戦して秀吉の天下統一に貢献。戦場では最前線で戦い、関ヶ原の戦いで石田三成の家臣・大橋掃部《おおはしかもん》を討ち取るなど、非常に勇猛で武勇に優れた。

その後、長政との確執から黒田家を出奔して長らく流浪した。大坂の陣が勃発すると、大野治長の誘いを受けて大坂城に入城。敵の徳川家康も「又兵衛が大坂城へ入った」と聞き、大いに警戒したという。

幸村とともに「豊臣五人衆」の一人に数えられ、主力として活躍。冬の陣では鴫野《しぎの》・今福《いまふく》方面で上杉および佐竹《さたけ》勢と対峙した。夏の陣では道明寺の戦いに出陣するが、幸村たちとの連携がうまくいかず、小松山《こまつやま》で孤軍奮闘。10倍以上となった東軍と戦い、乱戦のなかに討ち死にした。56歳だった。

盟友

明石全登《あかしてるずみ》

弾圧されたキリシタンの救済のために、大坂方へ

◘幸村とは短いながら濃い交遊関係◘

２人は初対面だったが、大坂の陣で戦友として絆を深めた。作戦を練る段階から意見が一致し、折に触れて顔を合わせ、さまざまな相談をしたようだ。

九度山の幸村を使者として訪《おとな》う

大坂の陣直前、幸村を大坂城へ招いた使者が、明石だったという説がある。明石は一番乗りで大坂城に入城。そのことで秀頼の信頼を得、使者に抜擢された。

使者が誰だったかについては諸説ある。一説には、秀頼の側近である速《はや》水守久《みもりひさ》だったとも。

中国地方に勢力を張った、宇喜多秀《うきたひで》家《いえ》の重臣。関ヶ原の戦いでは西軍の副将として1万7000の兵を率いた宇喜多隊の一員として活躍。西軍が敗れると戦って死のうとする秀家を諫《いさ》め、大坂へ退くよう進言し、殿《しんがり》を務めた。その後、秀家は八丈島《はちじょうじま》へ流されたため、全登《てるずみ》は牢人の身となる。

大坂の陣では、後藤基次や幸村とともに西軍主力として活躍。天王寺・岡山の戦いでは家康本陣への突撃を狙っていたが、味方が壊滅したことを知り、戦場を離れた。その後は討ち死にしたとも逃れて余生を静かに暮らしたとも伝わり、最期はよくわかっていない。

“豊臣五人衆”の一人

キリシタン大名だったが、関ヶ原で西軍につき敗北。大坂城では豊臣五人衆の一人に数えられ、キリシタン軍を編成して十字架の軍旗を用いた。

◆**出身**
不明
◆**生没年**
不詳
◆**別名**
掃部《かもん》、景盛《かげもり》、守重《もりしげ》、ジョバンニ（洗礼名）など

全登は名乗り名で、読み方にはいくつかあり「てるずみ」「ぜんとう」など。官位が掃部だったため、通称は掃部。

生存説が多数残る

全登は、大坂の陣後の生死が不明。通常は乱闘中に討ち死にし、遺骸が散逸したとされる。しかし生存説も多く、備前国《びぜんのくに》（岡山県）に逃れた説や、南蛮に渡った説がある。

大坂入城前の明石の足跡

宇喜多家の執政になる
父は宇喜多家の客分だった。宇喜多秀家が当主となり、全登を執政に指名。

→

関ヶ原で敗れる
西軍の宇喜多秀家の家臣として戦うも惨敗。秀家は八丈島に流され滅亡した。

→

諸国を放浪
備中《びっちゅう》などに逃れ、キリシタン大名の黒田家を頼るが、長政がキリスト教を禁止すると再び流浪する。

→ **大坂城へ**

盟友

毛《もう》利《り》勝《かつ》永《なが》

豊臣五人衆。夏の陣で幸村と連携した実力派

勇猛ぶりを発揮し、秀頼に殉じた

幸村の考案した「地雷火《じらいび》」という武器を教わり、天王寺・岡山の戦いで用いて東軍を悩ませたという逸話もある。最期は大坂城に戻り、秀頼を介錯《かいしゃく》したあと自刃した。

◆出身
尾張国（愛知県西部）
◆生没年
生年不詳（天正5？）〜慶長20（1615）年
享年38？
◆別名
吉政の出世頭（あだ名）など

元々の姓は森《もり》。父の勝信《かつのぶ》が豊前《ぶぜんの》国《くに》（福岡県東部）の大名になったとき、秀吉に「西国の支配には、西国に名の通った毛利がよい」と言われ、毛利に改めた。

見事なる采配は歴戦の武将のよう

黒田長政の言葉。合戦のさなか、馬上で采配を振る勝永を見てつぶやいた。敵味方を驚かせた、鮮やかな指揮ぶりだったようだ。

「妻の鑑」とされた勝永の妻

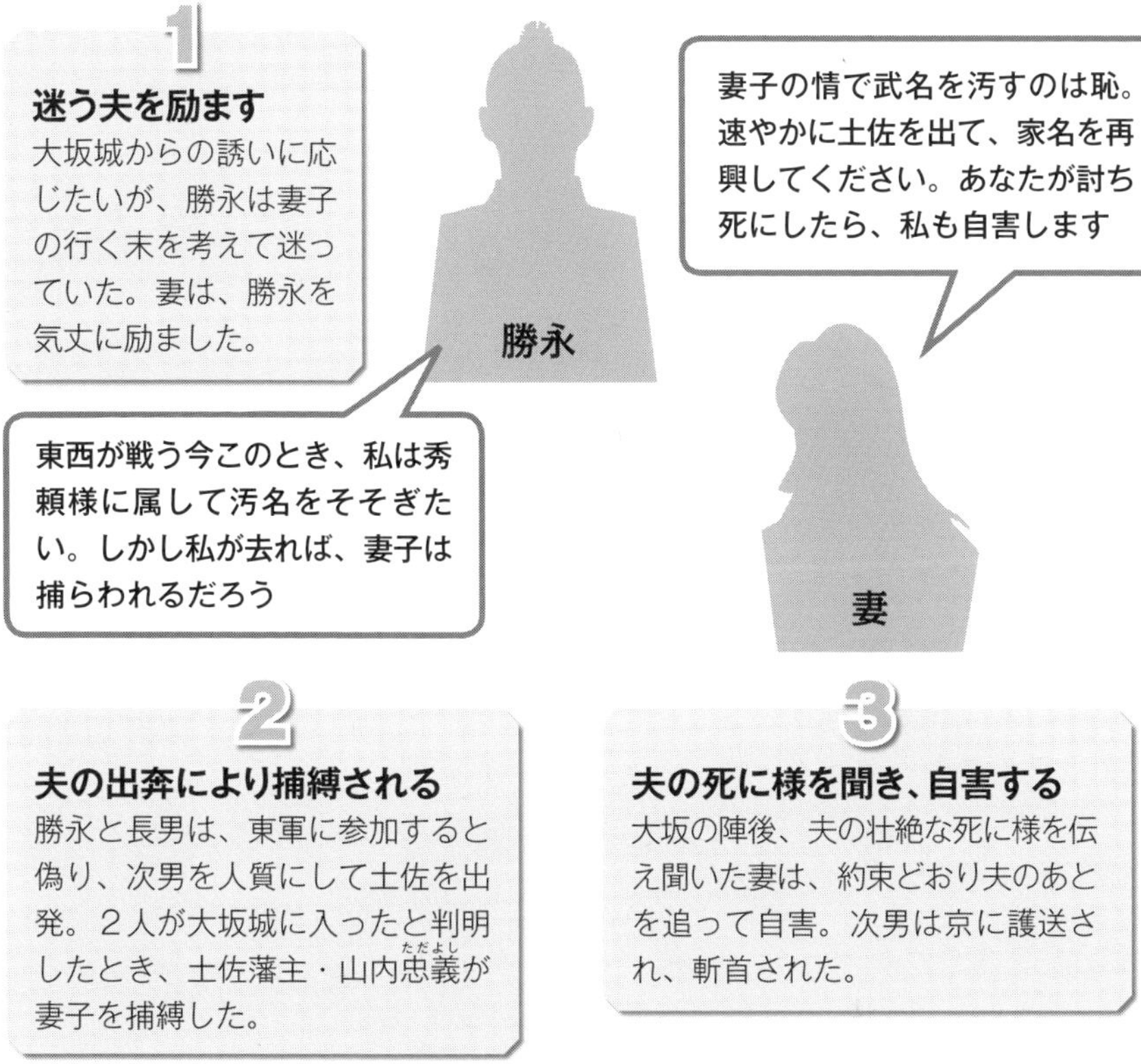
1
迷う夫を励ます
大坂城からの誘いに応じたいが、勝永は妻子の行く末を考えて迷っていた。妻は、勝永を気丈に励ました。
勝永
妻子の情で武名を汚すのは恥。速やかに土佐を出て、家名を再興してください。あなたが討ち死にしたら、私も自害します
東西が戦う今このとき、私は秀頼様に属して汚名をそそぎたい。しかし私が去れば、妻子は捕らわれるだろう
妻
2
夫の出奔により捕縛される
勝永と長男は、東軍に参加すると偽り、次男を人質にして土佐を出発。２人が大坂城に入ったと判明したとき、土佐藩主・山内忠義《ただよし》が妻子を捕縛した。
3
夫の死に様を聞き、自害する
大坂の陣後、夫の壮絶な死に様を伝え聞いた妻は、約束どおり夫のあとを追って自害。次男は京に護送され、斬首された。

尾張出身。父・毛利勝信は早くから豊臣秀吉に仕えて名を馳せた。勝永は、父とともに朝鮮出兵や関ヶ原の戦いに参加。敗戦後、土佐《とさ》の山内《やまうち》家《け》に身を寄せていたが、大坂の陣が起こると土佐を脱出し大坂城へ入る。

豊臣家譜代の家臣でもある勝永は、西軍の主力の一人として活躍。幸村とともに出撃策を唱えるなど、心を一つにして戦った。

道明寺の戦いでは、敗走する後藤基次の兵を救援する。最後の激闘となった天王寺口の戦いでは、本多《ほんだ》忠朝《ただとも》や小《お》笠原《がさわら》秀政《ひでまさ》といった東軍の主力武将を討ち取るなど大活躍した。

幸村率いる真田隊とともに家康本陣へ突入するも、家康を取り逃がす。真田隊が壊滅すると必死に戦線を立てて直して大坂城へ戻り、豊臣秀頼の介錯をしたあと、自害してそのあとを追った。

恩人

片倉重綱《かたくらしげつな》

名将中の名将。大坂の陣後、幸村の遺児を保護

◘父に劣らぬ智勇兼備◘

父は、伊達政宗の“右目”と称された武将。父に引き続き政宗に仕え、戦ぶりから「鬼の小十郎《こじゅうろう》」と称された。大坂の陣では、幸村と死力を尽くして戦った。

◆出身
出羽国《でわのくに》（山形県と秋田県）
◆生没年
天正 12（1584）～万治 2（1659）年
享年 75
◆別名
鬼の小十郎、重長

のちに三代将軍徳川家光《いえみつ》の子・家《いえ》綱《つな》（四代将軍）の字を避けて、重綱《しげつな》を重長《しげなが》に改名した。

幸村遺児の保護には逸話が残る

幸村と重綱は、大坂の陣では敵味方の認識しかなく、一面識もなかったといわれる。保護にはいくつかの逸話がある。

説1 お梅自ら切り込んだ？

お梅は白はちまきに長刀《なぎなた》を手にし、侍女とともに大坂城を脱出。重綱の陣に自ら飛び込んだ。重綱は驚いたが、幸村の娘と知ると手厚く扱った。

説2 大坂城から重綱が強奪した？

大坂城に東軍がなだれ込んだとき、重綱は逃げる女のなかで一際目立つ美しい娘を捕らえ、陣に戻った。それがお梅だった。「乱取り（生け捕り）された」という史料も残る。

説3 遺児と知らずに引き取った？

大坂城落城後、重綱は出自を知らずに侍女とした。真田家の旧臣が片倉家を訪れたとき、はじめて幸村の遺児と判明した。

説4 矢文を射た？

子どもたちの保護を申し入れるとき、幸村が片倉の陣に矢文を打ったという。

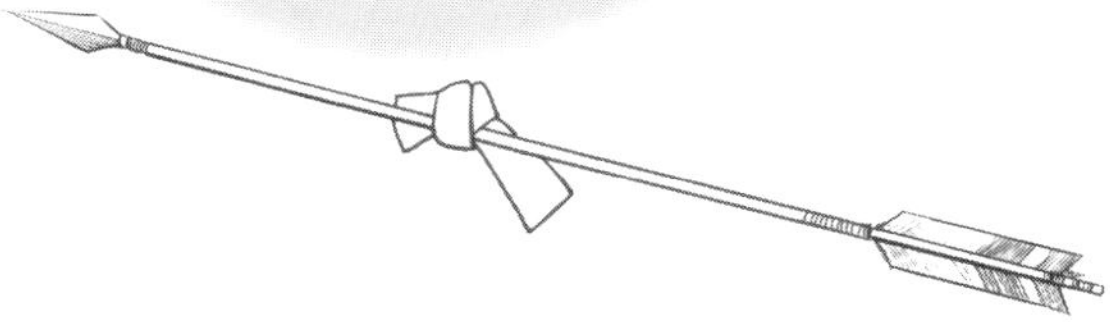

伊達氏の家臣・片倉景綱《かげつな》の子。父に劣らぬ智勇兼備の名将として活躍し、父の通称である小十郎を受け継ぎ、「鬼の小十郎」と称された。主君・伊達政宗に従って、大坂の陣に東軍として参陣。道明寺《どうみょうじ》の戦いでは最前線に出て戦い、後藤基次を討ち取った。

このとき幸村の軍勢とも直接対決したが、その夜に幸村は自分の子どもを重綱の陣営に送り、保護を頼んだとの逸話がある。幸村は重綱の戦いぶりを見込んで子らを託したとも伝わる。その1人が幸村の娘であるお梅で、重綱はのちに彼女を後妻として迎え入れた。同じく幸村の次男・守信《もりのぶ》（大八《だいはち》）は片倉家の居城である白石城《しろいしじょう》で養育され、のちに真田姓を名乗った。

主家・伊達氏の協力のもと、敵将・幸村の娘や子を、危険を冒して匿い、血脈を残した功労者である。

盟友

伊《い》木《き》遠《とお》雄《かつ》

真田丸以来のつきあい。幸村の監視役から盟友へ

1567～1615年

尾張《おわり》出身。豊臣秀吉に近習として仕え、賤ヶ岳の合戦で戦功を挙げ、その働きが認められて黄母衣衆《きほろしゅう》に抜擢された。朝鮮出兵などにも参加したが、その後は際立つほどの活躍はなく、秀吉の死後、豊臣家から河内300石を与えられた程度だった。関ヶ原の戦いでは西軍に属したために牢人となる。

大坂冬の陣では大坂城へ入城。豊臣家の命令を受け、真田丸を築いた幸村のもとへ軍監《ぐんかん》として派遣された。真田丸での活躍は不明だが、豊臣家の信頼が厚かった伊木は、真田隊の監視役にあたったと思われる。

しかし、戦いを通じて幸村に心服し、夏の陣では道明寺の戦い、天王寺口の戦いにも従軍。激戦のさなかで戦死した。一説には生き延びるも、味方の真野頼包《まのよりかね》とともに死を選んだともいわれている。

盟友

南《なん》条《じょう》元《もと》忠《ただ》

幸村とともに大坂城を守り、策略で敵を殲滅

1579～1615年

鳥取県西部にあった伯耆《ほうき》の出身で、羽衣石城主《うえしじょうしゅ》。13歳で父の死去に伴い家督を継ぐが、朝鮮出兵のときは幼すぎたため叔父が参戦した。関ヶ原の戦いには出陣して西軍につくが、敗れて牢人となる。

大坂冬の陣では、旧臣とともに大坂へ入城。幸村とともに大坂城の守備についたと伝わる。この時、東軍から内応をすすめる矢文を受け取ったため、これを幸村に見せて対応策を協議した。「内応したと見せかけ、敵の油断を誘おう」という幸村の策を受け入れた元忠はそれを実行し、安心して城壁に近づいてきた東軍をだまし討ちし、大きな損害を与えたという。

また一説には、元忠は東軍の藤堂高虎《とうどうたかとら》から誘いを受けたために寝返ろうとするも、渡辺糺《わたなべただす》に見破られ、捕えられて大坂城内で切腹させられたとも伝わる。

盟友➡敵

原貞胤《はらさだたね》

武田家家臣以来の旧友。大坂で敵として戦う

1557～没年不詳

父は武田信玄に仕え、「武田二十四将」の一人にも数えられた原昌胤《まさたね》。父や兄が死んだために家督を継ぎ、信玄の死後は武田勝頼に仕えた。勝頼が甲斐に新府《しんぷ》城《じょう》築城を開始したさいは、真田昌幸とともに奉行を務めている。武田氏が滅亡すると、徳川家康の家臣となって越前《えちぜん》松平家に仕えた。

大坂冬の陣に東軍・松平忠直《ただなお》の家臣として参戦したが、かつて真田昌幸と同僚だったことから、幸村を寝返らせるための使者に選ばれた。このとき、貞胤と幸村は旧交を温め、酒を酌み交わしたという。東軍への投降をすすめる貞胤に対し、幸村は「馬の息の続くかぎり戦い討ち死にする」と決意を述べ拒否した。夏の陣では幸村の軍勢と激闘を繰り広げ、戦死した幸村の首実検をして本人の首かどうか確かめたという。

大坂の陣のあいまに貞胤を招きもてなす

冬の陣後、幸村は貞胤を自陣に招待し、小鼓を打ったり茶を点じたりして、手厚くもてなした。2人は親しく語り合い、やがて涙を流しながら再びの戦乱への覚悟を語った。最後に杯を酌み交わし、夜半に別れたという。

味方

長宗我部盛親《ちょうそかべもりちか》

豊臣五人衆の一人。御家再興のために大坂へ

1575～1615年

土佐出身の大名。かつて四国をほぼ統一した長宗我部元親《もとちか》の四男。大坂冬の陣では真田丸の戦いで、東軍を側面から砲撃するなど幸村とともに大いに戦った。

夏の陣の八尾《やお》・若江《わかえ》の戦いで、東軍の藤堂高虎隊を圧倒するなど大活躍したが、彼の軍勢も大きな損害を受け、翌日の最終決戦には出向かず京橋口を守備した。やがて西軍が敗色濃厚になると、戦場を離脱して逃亡。同じ「豊臣五人衆」の後藤基次・真田幸村・毛利勝永は戦死、明石全登は行方不明となったが、一人生き残ったのが盛親だった。

しかし、3日後の5月11日、京の山地に潜んでいたところを捕えられ、豊臣秀頼の遺児・国松《くにまつ》（8歳）らとともに京で処刑された。そのとき、少しも見苦しさを表に出さず、見る者を感心させたという。

味方

木村重成《きむらしげなり》

大坂の陣の和睦の使者。家康に「武士の鑑」と称される

生年不詳～1615年

祖父以来、親子三代にわたって豊臣家に仕えた重臣。母が豊臣秀頼の乳母だったことから、重成は幼少から秀頼の小姓として仕えた。秀頼とは兄弟同然であり、信頼が厚く大坂の陣では主力を務めた。

冬の陣のとき、まだ23歳の若武者だったが、後藤基次とともに鴫野《しぎの》・今福の戦いに参加し、数に勝る徳川軍と互角に戦って名を挙げた。夏の陣では長宗我部盛親とともに八尾・若江の戦いに参戦。藤堂高虎、井伊《いい》直孝《なおたか》の軍と戦った。藤堂軍の右翼を破ってさらに進軍を続け、兵の疲労を理由に一時撤退をすすめる家臣の忠言を一蹴。「この程度では勝利とはいえない」と敵陣へ突撃を開始するが、勇み足が祟って戦死した。

重成の首実検をした徳川家康は、頭髪に香が焚きこめてあることを知り、その覚悟を見事だと褒めた。

味方

大野治長《おおのはるなが》

幸村を評価できなかった大坂城の実質的指導者

大

1569〜1615年

丹後《たんご》（京都府）の地侍・大野定長《さだなが》の子。母は豊臣秀吉の側室・淀殿の乳母を務めたことから、淀殿とは乳兄妹にあたり、齢も同じだったという。その関係で秀吉の側近として若いころから重く用いられた。

秀吉の死後は、そのまま秀頼および、その母・淀殿のそばに仕え、豊臣家首脳陣の一人として活躍。大坂の陣では淀殿とともに実質的な西軍のリーダーとなり、辣腕《らつわん》をふるった。しかし、戦場での実戦経験には乏しいため、幸村や後藤基次といった牢人衆と意見が合わず、彼らの献策をあまり採用しなかった。

大坂夏の陣で西軍の敗色が濃厚になるなか、秀頼や淀殿の助命を嘆願し、徳川家に対して千姫《せんひめ》を使者に立てて送り込むが、認められなかった。秀頼と淀殿の死を見届けたあと、自身も運命をともにした。

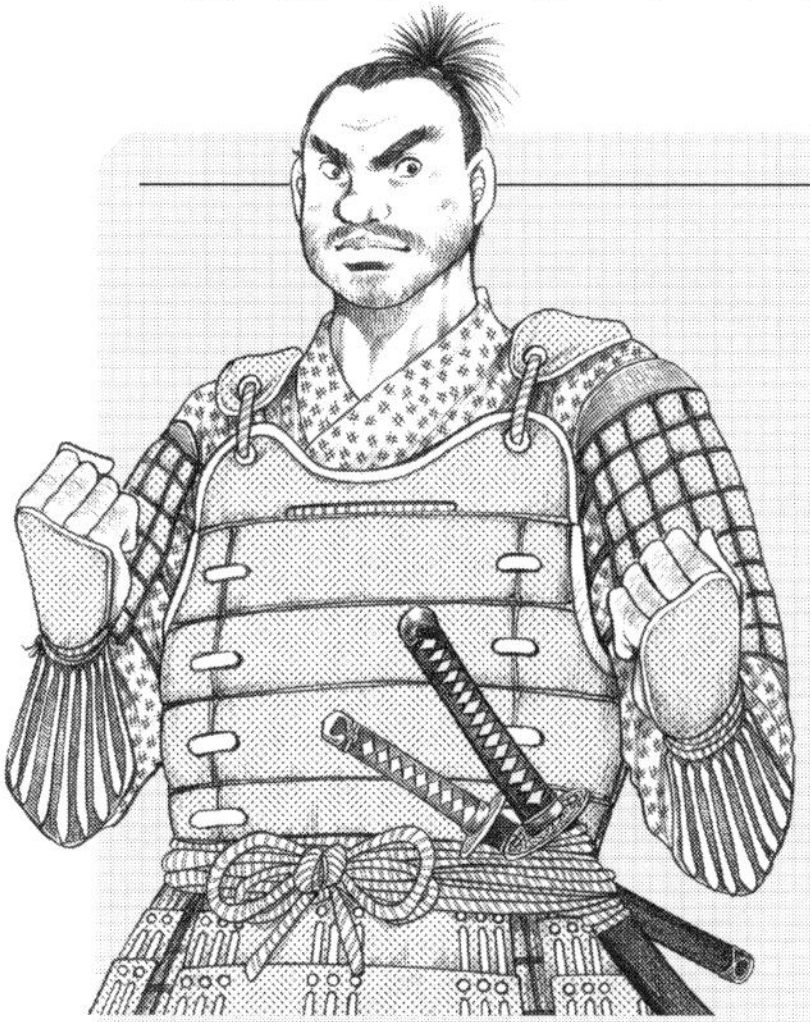

幸村の得意な双六《すごろく》をもちかけ、勝ったら脇差をくれとねだり、イカサマで脇差を入手。生涯に25人切ったという武勇の持ち主。

COLUMN

「イカサマザイの四角兵衛」は大坂の陣でも活躍した

幸村の従者に、樋口四角兵衛《ひぐちしかくべえ》という武田の旧臣がいた。樋口は武勇に優れた男だが、大変なうつけ者だった。

幸村に来国俊の脇差をねだり、細工したさいころを使ったイカサマで脇差をだまし取って出奔。幸村は昌幸にたしなめられ、樋口を召し戻した。九度山にも同行し、幸村が京へ忍ぶときは必ず連れられた。

樋口は大坂の陣のさいも幸村に従い、勇戦して武功を挙げた。大坂城落城後も生き延びて国許・上田に戻り、子孫は真田家に仕えた。

創作上の英雄
真田十勇士
戦、調略、情報戦……縦横無尽に活躍した

「智将幸村」が従える一流のくせ者集団

小説では、幸村は部下を使い力を発揮させる智将として描かれる。部下は武勇や技術は一流ながら、ひとくせもふたくせもある人間ばかり。くせ者集団を御《ぎょ》する幸村は、人々から称賛された。

忍　者
霧隠才蔵《きりがくれさいぞう》
猿飛佐助《さるとびさすけ》

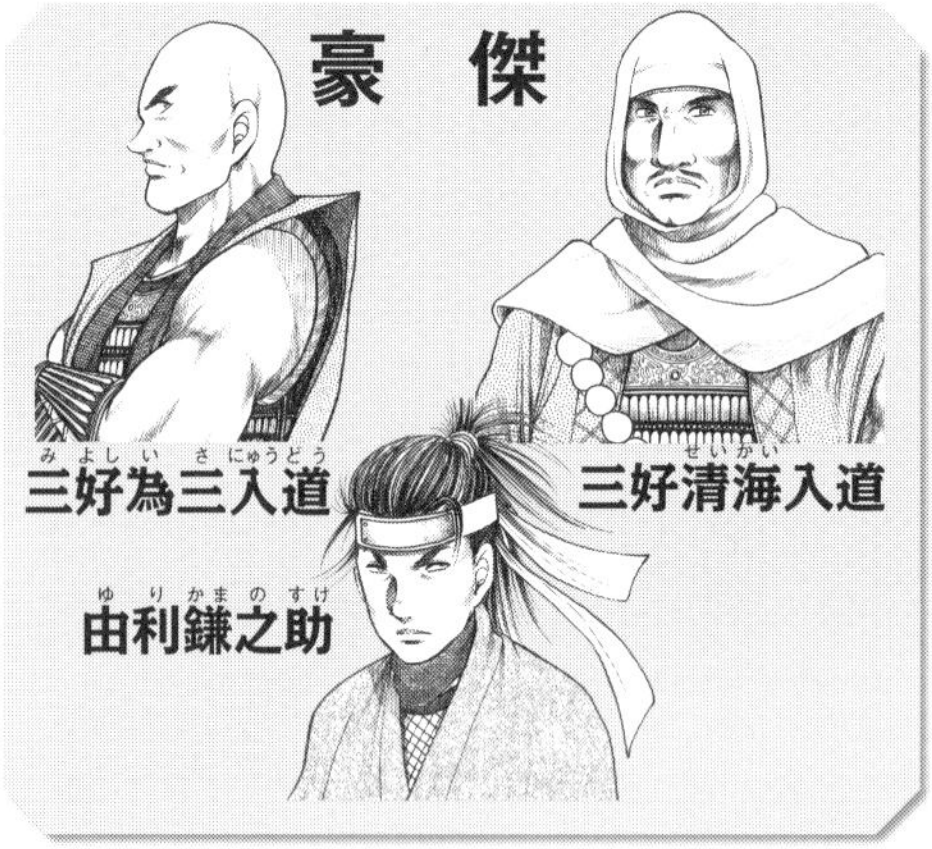

豪　傑
三好為三入道《みよしいさにゅうどう》
三好清海《せいかい》入道
由利鎌之助《ゆりかまのすけ》

十勇士のメンバーは、話によって登場しなかったり入れ替わったりした。参謀たちは、影武者として働くこともあった。

参謀・技巧者
穴山小助《あなやまこすけ》
海野六郎《うんのろくろう》
根津甚八《ねづじんぱち》
望月六郎《もちづきろくろう》
筧十蔵《かけいじゅうぞう》

九度山から大坂の陣が小説の舞台

十勇士の活躍の主な舞台となるのは、九度山《くどやま》から大坂の陣。幸村が十勇士を使って、密かに家康や天下の情勢をつかみ、大坂の陣で大活躍する痛快なさまが、大好評を博した。

出会い

幸村と十勇士の面々とは、真田領や大坂城出仕中、九度山蟄居《ちっきょ》中に出会い、主従関係を結ぶ。

↓

大坂の陣で、忍術、武勇、技巧を発揮し、幸村の影武者として働く。東軍をさんざんに蹴散らし、大活躍した。

決戦へ

写真は『猿飛佐助：真田家三勇士』の挿絵。真田の人気の高さから、真田十勇士を扱った作品が多く生まれた（国立国会図書館）。

江戸時代、真田一族の活躍がさまざまな軍記物に記され、特に幸村は「ヒーロー」として人気を集めた。

その人気にひと役買ったのが、「真田十勇士《じゅうゆうし》」の存在。幸村に仕え、その活躍を陰で支えた10人の忍者たちだ。

変幻自在の術を使う霧隠才蔵、猿飛佐助などは、ほぼ創作上の産物だが、すべてが創作というわけではない。海野六郎や望月六郎のように真田家とつながりが深い一族の人物をモデルとした者もいる。

また真田家の領地付近には戸隠流《とがくしりゅう》忍術の里があり、忍者が多く住んでいた。真田家もほかの大名と同じように多数の忍者を抱え、彼らを駆使して戦国の世を生き抜いたはず。

数々の軍記物に描かれた十勇士の活躍は、その想像を補う存在として多くの人に夢を与え楽しませたのだ。

歴史の舞台裏5

江戸中期の小説が「英雄幸村」像誕生の原点

江戸幕府の成立から約70年後の寛文12（1672）年、『難波戦記《なんばせんき》』が出版される。これは、豊臣家の側から大坂の陣を描いた軍記小説。とりわけ真田幸村の活躍が民間で人気を博し、彼の英雄像が固まっていく。

それから数十年後、1700年代の初めに『真田三代記』が成立。真田昌幸・幸村・大助の親子3代が活躍する筋書きのなかに忍者（猿飛佐助と望月六郎を除く8人）が登場し、彼らの奮闘が人気を集めた。さらに時代が下ると、これらの本を原作にした講談が大流行。

講談は本を読まない人や子どもの多くを虜にした。講談師は、既存の軍記物にさまざまな脚色を加えて人々を喜ばせた。

明治・大正期には立川文庫《たつかわぶんこ》が成立。真田幸村配下の忍者が「十勇士」とはじめて表現された。同じ立川文庫に、中国地方の英雄・山中鹿介《やまなかしかのすけ》を筆頭とする「尼子十勇士《あまご》」の物語や、19世紀には里見《さとみ》家に仕えた八犬士を描く『南総里見八犬伝《なんそうさとみはっけんでん》』が成立し、人気を博した。

真田十勇士の活躍は、これらの物語とともに庶民に愛され広く定着したのだ。

クローズアップ◆川柳

川柳にも詠われた真田一族

講談や軍記物を元に、真田一族の活躍を詠んだ川柳《せんりゅう》がある。

●六文の兄弟　忠と義にわかれ

●三文は敵　三文は御味方

関ヶ原直前の様子を表した。

●大坂と江戸で引っぱる真田縞《じま》

●たて引きで信濃一国いやと言ひ

家康が幸村を勧誘したことを真田紐に引っ掛けて物語る歌だ。

●武勇では一家六もん名が高し

●今の世になっても上田丈夫なり

幸村が武名を、信幸が家を残した事実までが詠われる。

江戸時代の物語や軍記が元

真田十勇士などの小説や軍記は、架空の話。しかし史実がちりばめられ、いかにも本物らしく語っている。読者のなかには、実際に起こったことと信じる人も多い。

江戸中期(寛文12〈1672〉年)
『難波戦記』
大坂の陣を中心にした軍記物
大坂冬の陣から和睦、さらに夏の陣を描いた合戦の物語(軍記)。「幸村」の名をはじめて使った物語とされる。明治期に公に豊臣家寄りの物語が楽しめるようになり、大流行した。

江戸中期(元禄ごろ)
『真田三代記』
昌幸・幸村・大助が対徳川に奮戦
真田父子3代が活躍する歴史小説。幸村と秀頼が薩摩《さつま》に落ち延び、のちに病死するところで物語が終わる。十勇士のうち、猿飛佐助と望月六郎以外の8人の原型が登場する。

明治になると……
講談が大流行。講談を書物に書き下ろした「書き講談」も現れはじめる。

明治末期(1911年)
立川文庫『智謀幸村』ほか
九度山から大坂の陣までの真田軍団の活躍を描く
『難波戦記』や『真田三代記』を元にした物語で、十勇士が登場。のちに「猿飛佐助」など各人物を主人公にした作品も現れた。立川文庫は、主に少年のあいだで大流行した。

大正～昭和期
書物は高価だったため、貸本が流行。同じころ、映画(活動大写真)もつくられはじめ、忍術映画が大ヒットした。

◆創作上の英雄

猿飛佐助

神出鬼没の甲賀忍者。真田軍団で最も有名

弱きを助け、強きをくじくヒーロー

◆出身
信濃国（長野県）
◆出自
郷士・鷲尾佐太夫《わしおさだゆう》の息子。姉が１人いる
◆役柄
甲賀忍術の達人

手で印を結び、術を使って徳川を翻弄する。ひょうきんで明るい性格で、見張りを眠らせたり姿を消したりして、徳川武将をさんざんにおちょくる。

モデルは複数いた？
架空の人物とされるが、木下藤吉郎（秀吉）の家臣・猿飛仁助《にすけ》や、上月《こうづき》佐助などがモデルとされたという説も。

実在を信じる人も多く、昭和に上野国で墓が発見されたとニュースになったことも。

徳川武将を翻弄する

物語のなかで、幸村の命を受けて、三好清海入道とともに東海道を東下し、家康の動静や天下の情勢を探る。途中でのちの十勇士と出会い、幸村の家臣に誘うエピソードもある。

情報収集

徳川方の城に忍び込み、情報を探る

家康の駿府城や秀忠の江戸城に忍び込んで、情報や軍評定《ぐんひょうじょう》の内容を探る。

戦働き

戦場を駆け抜け、徳川武将を混乱させる

爆弾の一種である地雷火《じらいび》を仕掛けて、徳川軍を翻弄する。

COLUMN

実際にあった？ 真田忍術

大坂の陣で幸村は、変幻自在のゲリラ戦法で徳川軍を苦しめた。それが忍術という見かたがある。

真田忍者とされる望月氏（P130参照）。その祖が残した『大原家文書』には、「飯縄《いづな》の術」という忍の護符の記述がある。彼らが用いた呪術と伝わる。

忍術は先祖伝来の秘伝の術。敵に渡らないよう、無闇に書き残さなかった。真田家の史料が乏しいのも、その特異性からか。

真田十勇士のなかでも随一の忍術の使い手とされる佐助は、織田信長に仕えた森長可《もりながよし》の家臣、鷲尾佐太夫の息子という設定。信濃・戸隠の山中で猿と遊んでいるところを戸澤白雲斎《とざわはくうんさい》という甲賀《こうか》流忍術の達人に見いだされ、その弟子となる。そして3年間の修行の末、15歳のときに真田幸村と出会い、仕え活躍するようになったという。

佐助は『真田三代記』には記されておらず、その後の講談ブームのなかで生まれた存在だ。忍術の達人である佐助はたちまち人気者となり、講談を元に書かれた立川文庫のなかの一冊（第40篇）では主人公として扱われた。

架空の存在とされる佐助だが、戦国時代の盗賊・猿飛仁助や、伊賀忍者の上月佐助といった史実の人物がモデルという見かたがあり、その人気から、実在説も根強くささやかれる。

真田十勇士

◆創作上の英雄

霧隠才蔵

伊賀忍術を駆使して大坂の陣で家康を探る

霧隠才蔵は伊賀忍者の頭領・百地《ももち》三《さん》太夫《だゆう》の弟子とされている。小説などでは、甲賀忍術の教えを受けた猿飛佐助とは、出会った経緯からも良きライバル関係として描かれる。

立川文庫の55篇目に『真田三勇士忍術名人・霧隠才蔵』の巻がある。由利鎌之助と組んで盗賊をしていたが改心し、真田十勇士の一人となる。明朗な性格の猿飛佐助に比べ、ニヒルな性格に描かれることが多い。

モデルは、『真田三代記』に登場する霧隠鹿《しか》右衛《え》門《もん》とされる。鹿右衛門も史実の人物ではないため、実在した忍者ではないと考えられている。

◘大坂の陣で電光の如く活躍◘

冬の陣で幸村の命を受け、家康の動静を探った。夏の陣では、忍術で徳川の大軍を翻弄し悩ませる。

家康の首をねらい、本陣に忍び込む

忍術で姿を消して、家康本陣に忍び込む。家康の首をかこうとするが、結局失敗してしまう。

大助とともに秀頼を救出する

火の手が上がる大坂城から、大助とともに秀頼を連れて脱出。幸村と合流して、薩摩に落ち延びた。

容姿端麗の忍者が忍術比べの末、仲間に

師匠は伊賀忍者の上忍《じょうにん》の一人、百地三太夫という実在の人物。才蔵は、大盗賊・石川五右衛門《ごえもん》の同門だったとされる。

佐助と忍術比べをして仲間に

姫路の山中で山賊をしていたところ、幸村の命で諸国を旅していた猿飛佐助と出会う。奇想天外な忍術比べの末、佐助に誘われて幸村に仕えた。

◆出身
近江国（滋賀県）
◆出自
近江の大名・浅井長政《あざいながまさ》家臣、霧隠弾正左衛門《だんじょうざえもん》の遺児
◆役柄
伊賀忍術の達人

浅井滅亡時、才蔵は２歳。郎党によって逃がされ、伊賀名張《なばり》に隠れる。百地に弟子入りし、忍術の極意を授けられた。

十勇士のなかでは、猿飛佐助に次ぐ忍術の使い手として昔から人気が高い。司馬遼太郎《しばりょうたろう》の『風神の門』や、柴田錬《れん》三郎《ざぶろう》の『霧隠才蔵』など多くの作品に重要な役どころとして登場する。

歴史の舞台裏6

陰に生き、戦国を駆《か》けた伊賀と甲賀の忍者軍団

伊賀者や甲賀者は、全員が忍者だったわけではない。その土地にいた地侍で、当然農民も住んでいた。そのなかの何割かが先祖から伝わる秘術を身につけ、忍者として活躍していた。

伊賀はたびたび、歴史の表舞台に登場する。戦国時代のきっかけになった「応仁《おうにん》の乱（1467～77）」で、東西両軍の傭兵としてゲリラ戦で大きな働きをした。

天正9（1581）年に対立した織田信長に攻められ、領内が焼かれて伊賀は壊滅状態となり、伊賀者は故郷を離れ全国へ散った。

甲賀者は、近江南部に根を張った地侍の集合体。「甲賀五十三家」と呼ばれ、中世には大いに栄えた勢力だ。戦国時代には、近江の守護大名・六角氏《ろっかくし》の傭兵部隊として、合戦で目覚ましい働きを見せた。なかには徳川家康にも古くから仕えた集団がおり、関ヶ原の戦いでは伏見城籠城戦《ふしみじょうろうじょうせん》で活躍した記録が残る。

徳川家康が江戸幕府を開くと伊賀者、甲賀者とも重く用いられ、江戸城の門やその周辺の警護にあたった。伊賀忍者・服部半蔵《はっとりはんぞう》の名を残す「半蔵門」は有名である。

服部半蔵は、徳川家に仕えた忍者として有名。一人を指すのではなく、服部家の歴代当主の通称。最も有名なのは二代目の服部半蔵正成《まさなり》。江戸城（皇居）の門の一つを警護したという。写真は現在の半蔵門（東京都千代田区）。

クローズアップ◆人物

服部半蔵

◆出身
伊賀国（三重県）

◆生没年
天文11（1542）～
慶長元（1596）年
享年55

◘忍者の主流、伊賀と甲賀の違い◘

戦国時代は忍者が活躍した時代で、その代表が伊賀と甲賀の忍群。伊賀と甲賀は敵対関係にあるとよくいわれるが、一揆《いっき》のさいは協力するなど、手を組むときもあった。

甲賀忍者

毒と薬に長けた忍者

毒に関する事細かな掟書《おきてがき》が多く残り、毒を扱う者が多かった。毒と表裏一体である薬も、甲賀者の得意な分野。忍薬《しのびぐすり》の史料が多く残存し、現在でも甲賀地方は薬業がさかん。

実在の人物：山中山城守長俊《やまなかやましろのかみながとし》など

甲賀郡とは

近江の南地方にあり、甲賀山と呼ばれるように郡のすべてが山中。修験道とも関係が深く鉱業も行われたため、忍術に信仰と深く関係した特殊な火術が含まれる。

伊賀は一国、甲賀は近江国の一地方。政治の中心地である山城国や大和国と隣り合った位置で、山地が多く交通の要衝だった。

伊賀忍者

戦闘能力に優れた忍者

伊賀者は早朝に畑を耕し、午後は先祖から受け継いだ兵法を訓練していた。戦で活躍した記録が多く、その戦闘能力を生かし傭兵として戦に貢献することが多かったようだ。

実在の人物：服部半蔵、百地三太夫、石川五右衛門など

伊賀国とは

山に囲まれた閉鎖的な土地で、統一権力が生まれず、地侍が寄り集まって治めた。地形や天候等、戦乱で落ち延びた者が潜伏しやすい条件がそろった天然の要塞で、それが忍者の醸成につながった。

真田十勇士

◆創作上の英雄

三好入道兄弟

怪力の豪傑と無鉄砲な破戒僧。大坂の陣で壮絶な最期をとげる

兄弟で幸村に仕えた、棒術自慢の2人。幸村が『西遊記《さいゆうき》』における三蔵法《さんぞうほう》師《し》なら佐助が孫悟空《そんごくう》、才蔵が沙悟浄《さごじょう》、三好兄弟は猪八戒《ちょはっかい》といった、怪力と三枚目的なキャラだ。

『真田三代記』では東北の出羽《でわ》出身の豪族、立川文庫ではかつて三好氏に仕えていた破戒僧との設定がある。

兄弟とも、実在した戦国武将がモデルとされる。兄の清海は織田信長と京で激闘を繰り広げた三好政康《まさやす》。弟の為三はその弟・三好政勝《まさかつ》だ。この兄弟は、史実においても大坂の陣に出陣し、ともに80歳を超えた高齢ながら、兄は西軍、弟は東軍で戦ったと伝わる。

出羽の居城を追われ、真田の郎党に

『真田三代記』では、兄は出羽の亀田城《かめだじょう》（秋田県）城主、弟は亀田城で兄に仕えた。城を奪われ、兄は真田家を頼り、弟は山賊になったがのちに兄と合流した。

兄

超人的な怪力で敵をなぎ倒す

18貫（約70kg）の棒を軽々と振り回し、山賊や剣士と渡り合う。大坂の陣では、落城寸前に秀忠を襲撃して大接戦を行った。力尽きる寸前で、自ら腹を切り首をかき落とした。

弟

辞世の句を詠んだ剛勇の士

大坂の陣で、秀忠軍を相手に奮戦。落城時、腹を切って「落ち行かば地獄の釜を踏み破り、あほう羅刹《らせつ》に事を欠かさん」と高らかに詠み、自らの首をはねた。

三好清海入道　兄

◆**出身**
出羽国（秋田県と山形県）
◆**出自**
三好三人衆の子孫。
亀田城城主
◆**役柄**
怪力で棒術の豪傑

身長は六尺（約 180cm）。九度山の幸村の命で諸国を旅する猿飛佐助に付いて、各地で奇行と豪傑ぶりを発揮する。

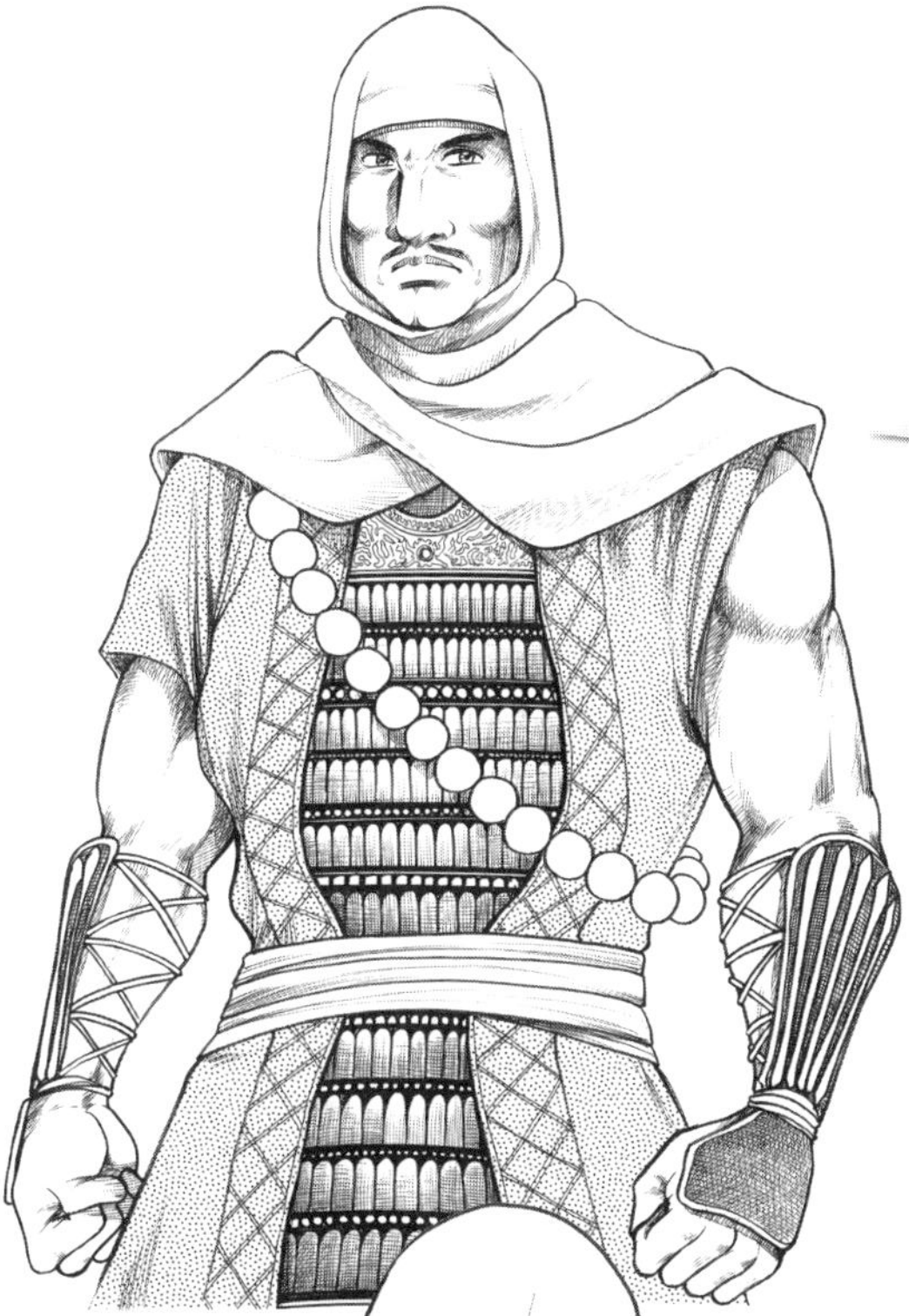

三好為三入道　弟

◆**出身**
出羽国
◆**出自**
三好三人衆の子孫。
居城は亀田城
◆**役柄**
無鉄砲な破戒僧。
棒術の達人

兄と同じく長身。向こう見ずな無鉄砲さは兄以上。由利鎌之助と山賊稼業をしているとき、兄に再会して幸村の郎党に加わる。

◆創作上の英雄

由利鎌之助 筧十蔵

鎖鎌の名手と鉄砲の名手。山賊から幸村の郎党に

敵として現れ、家臣となる

『真田三代記』では、賤ヶ岳の戦いで幸村の敵として登場し、大いに悩ませた。立川文庫では、鈴鹿山《すずかさん》中《ちゅう》で為三入道と山賊をしているとき、佐助と清海入道に出会い、幸村の郎党になる。

由利基幸《もとゆき》がモデルか?
架空の人物とされるが、実在の人物といわれる真田家臣の由利基幸（鎌之助）がモデルという説もある。

由利鎌之助

◆出身
丹波国《たんばのくに》?（京都府）
◆出自
三河国《みかわのくに》（愛知県東部）野田城主・菅沼新八郎《すがぬましんぱちろう》の家臣
◆役柄
鎖鎌、槍術の名手

幸村の九度山蟄居中は、江戸で槍の道場を開き、徳川の情報を探ったというエピソードも。

珍しい銃を使う異色の存在

当時珍しいとされた種子島銃《たねがしまじゅう》をもち、その腕もかなりのもの。幸村とは人質どうしという同じ身の上で共感し、自ら願い出て幸村に仕える。

筧金六《きんろく》がモデルか？

真田家臣の筧金六がモデルとされる。『真田三代記』では筧十兵衛として登場。十兵衛は史実の人物ともいわれる。

筧 十蔵

◆出身

豊後国《ぶんごのくに》（大分県）

◆出自

蜂須賀家の家臣。豊後富来《とみく》2万石の城主の嫡男と自称

◆役柄

鉄砲、剣術、吹き矢術の名手

作品によっては、山賊をしている場合もある。力も強いが分別があり、大坂の陣後は薩摩落ちにも同行している。

由利鎌之助は、かつて為三入道の相棒としてともに山賊をしていた。のちに改心して、幸村に仕えることになる。鎖鎌と槍の名手で、槍術は繰り出す槍先が何本にも見えるほどの腕前を誇ったという。立川文庫の第62篇の主人公にもなるなど、十勇士のなかでも存在感がある。

筧十蔵は、豊臣秀吉に仕えた蜂須賀《はちすか》家の家臣だった。秀吉に招かれ、大坂城内の蜂須賀屋敷に身を寄せている幸村と会い、意気投合して家臣となる。種子島銃の名手で力も強かった。吹き矢も得意で、それを駆使して徳川軍を苦しめる場面がある。大坂夏の陣で戦死したとも、幸村に同行して薩摩へ落ち延びたとも伝わっている。

鎌之助、十蔵の両名は天正元（1573）年生まれの同い年とされており、ともに実在説が強い。

◆創作上の人物 海野六郎 望月六郎

幸村に早くから仕え、智謀で幸村を支える

海野六郎は十勇士中、一番の古参であり、幸村の右腕として活躍。頭も切れる参謀格の人物とされている。『真田三代記』には、海野六郎兵衛として登場。海野氏は幸村の祖父・幸隆《ゆきたか》の出自でもあることから、六郎も若いころから真田氏と強く結びついていた実在の人物とも考えられている。

望月六郎も、海野氏とともに信濃の豪族・望月氏の姓を名乗ることから同族出身の可能性が高い人物。爆薬の取り扱いに長け、大坂の陣ではそれを使って徳川軍を大いに苦しめた。幸村の影武者の一人としても活躍し、大坂の陣で華々しく討ち死にしたという。

◘幸村に早くから仕えた２人◘

海野も望月も「滋野《しげの》」を源流とする、由緒正しい家柄（P130参照）。そのため、早くから幸村の側近くに仕えた。史実でも、幸村が上杉家の人質となったときに、海野と望月の家臣が同行した。

最古参の右腕
幸村の幼少時代から、いち早く小姓として仕えた。幸村の頼りとする右腕であり参謀。九度山蟄居中は、根津甚八とともに奥《おう》州《しゅう》（陸《む》奥《つ》、東北）を巡って情勢を探り、大坂の陣後は薩摩落ちに同行する。

真田屋敷を預かる影武者
九度山蟄居中、真田屋敷の留守居を務めた。幸村と生活をともにし、爆弾の製造に励んだ。大坂夏の陣で、幸村の影武者となり家康の陣に切り込むが、大軍に囲まれ自刃する。

気位が高く、頭脳も明晰。十勇士の参謀と自負していた。モデルは史実の人物・海野六郎兵衛とされ、『真田三代記』にも登場した。

海野六郎

◆出身
信濃国（長野県）
◆出自
昌幸の侍大将・海野喜《き》兵《へ》衛《え》の子
◆役柄
参謀、忍者

望月六郎

◆出身
摂津国？（大阪府）
◆出自
不明
◆役柄
火薬の名人

十勇士のなかで、最も不明な点が多い人物。第一次上田合戦で望月太郎左衛門という実在の人物の記録があり、モデルになったとされる。

真田十勇士

◆創作上の人物

穴山小助 根津甚八

流浪の果てに郎党へ。夏の陣で影武者として散る

◘幸村の影武者で最も有名◘

幸村の小姓から家臣になり、幸村にそっくりの風貌から影武者として活躍。大坂夏の陣でも影武者として家康の本陣に切り込み、壮絶な戦死をとげる。

穴山小助

◆出身
信濃国（長野県）

◆出自
武田家臣・穴山小兵《こへ》衛《え》安治《やすはる》の息子

◆役柄
幸村の影武者

３歳で母親と死別し、父親に育てられた。幼いながら、父の後ろで槍を抱えて戦場に臨む様子が「軍の守り神」とうわさになり、幸村の小姓になる。実在説が最も強い人物。

穴山小助安治がモデル？

穴山小兵衛安治の嫡男、小助安治がモデルとされる。実在の人物で、幸村の家臣。穴山信光《のぶみつ》の長男という説も。

◘名族の出から海賊になった男◘

根津も滋野三家の一つ。生まれは信濃だが、絵師の父とともに流浪の旅に出、父と死別後に海賊となる。豊臣に出仕中の幸村が水軍の情勢を探るため熊野へ赴いたとき、甚八と出会う。

根津甚八貞盛《さだもり》がモデル?

実在の人物で、関ヶ原の戦いで小山《おやま》から上田に引き返したときの家臣の一人に記録されている。

根津甚八

◆出身
信濃国（長野県）
◆出自
信濃名族の後裔
◆役柄
水軍の名手

流浪のさいに、由利鎌之助と喧嘩友達になったというエピソードもある。

穴山小助は、武田家に仕えた重臣・穴山信君《のぶきみ》の縁戚と伝わる。武田滅亡後、真田家の家臣となる。幸村と同い年で、体つきも容貌も似ていたことから、戦場では影武者を務めた。幸村の九度山蟄居中、漢方医をしながら諸国の動向を探る任についた。大坂の陣では「我こそは真田左衛門佐《さえもんのすけ》幸村なり」と叫んで徳川本陣へ突撃し、華々しく戦死したという。

根津甚八は、滋野三家（海野・禰《ね》津《つ》・望月）の流れを汲む家の出身だったが、落ちぶれて海賊の頭目をしていたと伝わる。幸村が秀吉の人質として大坂にいたころ、熊野灘《くまのなだ》に赴いたときに知り合い、その郎党に加わる。穴山小助とともに大坂の陣で活躍。同じく幸村の影武者として勇ましく戦い、多くの敵を引きつけて戦死した。俳優・根津甚八の芸名の由来でもある。

解説

名族「滋野氏」が忍者になり真田の家臣に

真田十勇士のなかでも海野六郎、望月六郎、根津甚八は実在説が強い。海野・望月・禰津《ねつ》の各氏は、真田家と同じ滋野氏を源流とする家だからだ。いわば同族であり密接な結びつきがあった。

彼らは修験道《しゅげんどう》に精通し、戸隠山で修行を積んだ。戸隠山は、山岳修験道の霊峰として名高い信濃・飯縄山《いいづなやま》の近くにそびえる。地域の特殊性から真田十勇士の活躍も、あながち創作とはいえない。海野・望月・禰津の忍者は「真田衆」と呼ばれ、真田氏が大名になると、仕えて活躍したと伝わる。

真田衆は、修験道を修めた者たちで、肉体的・精神的に鍛えられていた。

修行場は岩櫃《いわびつ》山中

岩櫃山が修行の場と伝えられ、山には修験道の神社も残る。岩櫃城は、真田衆の拠点だったようだ。

第4章

真田軍団の戦術、戦略を解く

「戦巧者」「策略家」と賞賛される真田家。一筋の槍となって戦場を駆け抜けた、精鋭なる真田軍団。天下人をも苦しめた、真田の戦術を解説。

智謀と武勇を兼ね備えた「武略」に優れる

真田《さな》《だ》一族が際立っていた才能は、ひとえに武略《ぶりやく》といえる。武略とは軍事上の計略、「かけひき」のことだ。

幸隆《ゆきたか》は武田信玄《たけだしんげん》に仕えたさい、信濃《しなの》の有力者たちを調略《ちょうりゃく》して味方につける任を与えられ、それに応えてみせた。

昌幸《まさゆき》は武田氏の滅亡後、徳川《とくがわ》・北《ほう》条《じょう》・上杉《うえすぎ》という強豪に囲まれた境遇を、巧みな策と戦略により切り抜けた。その才は幸村《ゆきむら》へと引き継がれ、幸村は大坂の陣で父ゆずりの戦略を発揮して徳川軍を大いに苦しめた。

幸村が大坂城で将として地位を与えられたのも、幸隆以来の真田家の「武略」が世に知れ渡っていたからだ。

真田家の存続をかけて戦い抜く

幸隆は新参の武田家臣として信頼を得るために、昌幸は大名として生き残るために、武略を磨かざるを得ない状況だった。祖父と父の武略を生かし、幸村も命をかけて戦った。

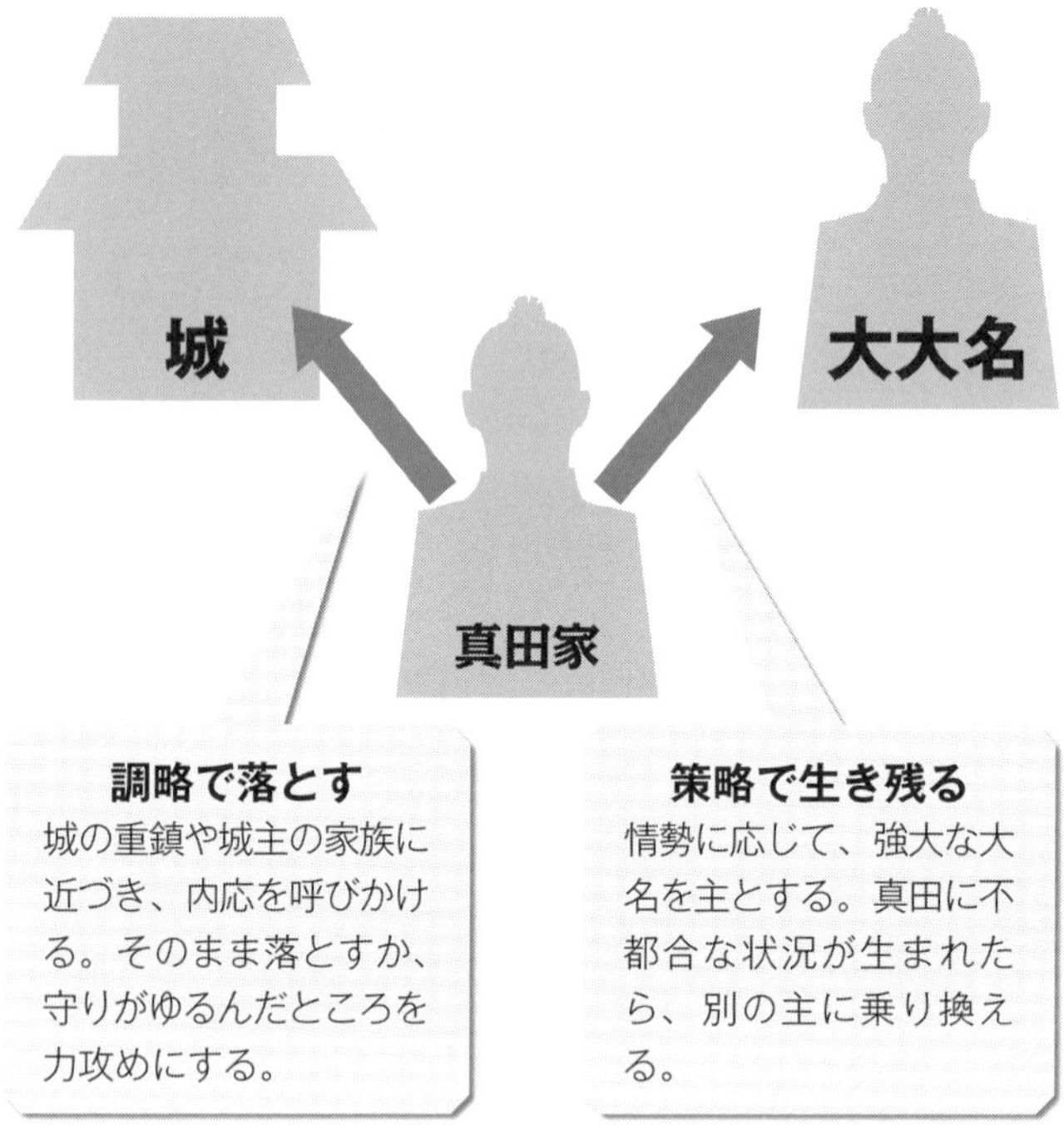
城
大大名
真田家
調略で落とす
城の重鎮や城主の家族に近づき、内応を呼びかける。そのまま落とすか、守りがゆるんだところを力攻めにする。
策略で生き残る
情勢に応じて、強大な大名を主とする。真田に不都合な状況が生まれたら、別の主に乗り換える。

◘真田三代で異なる武略の才◘

それぞれ異なる状況や立場だったが、必要とされる能力を最大限に発揮した。真田の強さは遺伝的なものによらず、長年つちかった経験や日々の研鑽による技術といえる。

幸隆　調略

敵を内側から切り崩す

流浪の身から家臣になった新参者なので、功績を挙げて信頼を得る必要があった。城攻めを任され、調略を駆使して内部から切り崩し確実に落とした。

昌幸　策略・戦略

情勢を見極め、巧みな用兵術を使う

武田滅亡時は織田《おだ》に臣従し、本能寺《ほんのうじ》の変後は北条や徳川に乗り換えるなど、情勢を見極めた変わり身の早さが特徴。上田合戦など、戦場で兵を巧みに操る術も併せもっていた。

幸村　戦略

戦場と兵を最大限に操る

大坂城では、一武将であり弱い立場でしかなかった。任された戦場を自分の戦いやすい状態にし、兵の力を最大限に発揮させた。

歴史の舞台裏7

家紋の六文銭は三途の川を渡る船賃から

真田家が戦時の旗印として用いたのは、「六文銭《ろくもんせん》」とも「六連銭《むつれんせん》」とも呼ばれる独特のもの。

幸隆はもともと「結び雁金《かりがね》」「州浜《すはま》」を用いていたが、武田信玄に臣従して以来、六文銭を使うようになったという。結び雁金と州浜も引き続き使用されたが、六文銭を使って武名を高め、有名になったことから、六文銭を使用するケースが多くなった。

六文銭には意味がある。数字の六は「地獄、餓鬼《がき》、畜生《ちくしょう》、修羅《しゅら》、人間、天上」の六道を表すもので、死後生まれ変わってからの行き先のこと。死者を埋葬するさいに三《さん》途《ず》の川を無事に渡れるよう、その渡し賃として六文の銭を棺に入れ、成仏できるように祈る風習があった。つまり、真田家の武将はこの旗を掲げて「いつでも死ぬ覚悟ができている」との気構えを示していたのだ。

「大坂夏の陣図屏風《びょうぶ》」によれば、幸村は「大坂夏の陣」では六文銭を入れず、赤一色の旗を使用したようだ。これは兄・信幸《のぶゆき》の息子たちが徳川軍として参戦したため、敵味方を間違えないようにする配慮といわれている。

◀結び雁金　六文銭▶

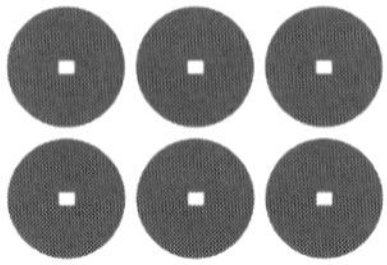

◀州浜　永楽《えいらく》六文銭▶

六文銭は、もとは海野氏《うんのし》（P10参照）が用いたようだ。永楽六文銭は、幸村が神社に奉納した軍旗に見られる。

◘真田家の旗、馬印◘

軍旗《ぐんき》や馬印《うまじるし》は、敵味方を区別し、武将にとって自らの存在を示す重要なもの。真田家は軍旗に六文銭を使った。

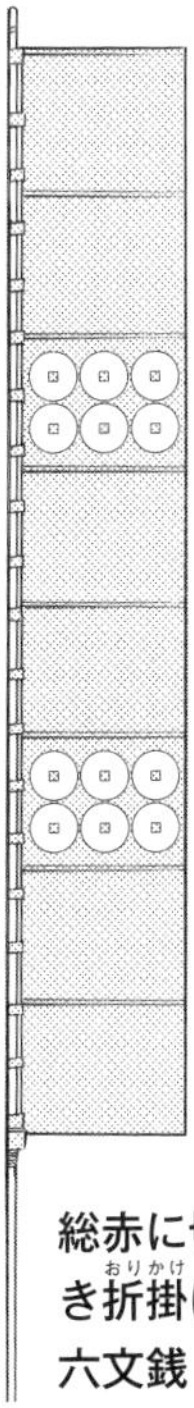

総赤に切り裂き折掛《おりかけ》に金の六文銭

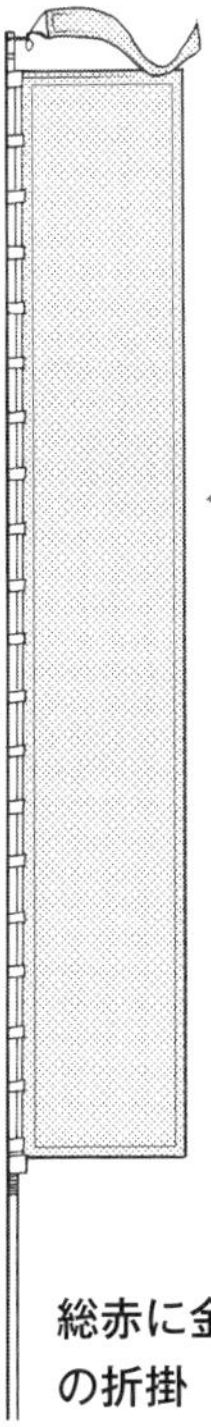

総赤に金線の折掛

◀幸村の軍旗

大坂の陣では赤の旗と馬印を用いた

大坂の陣を描いた屏風から見るに、幸村は甲冑などを赤でそろえた「赤備《あかぞな》え」で、軍旗や馬印も赤を用いた。

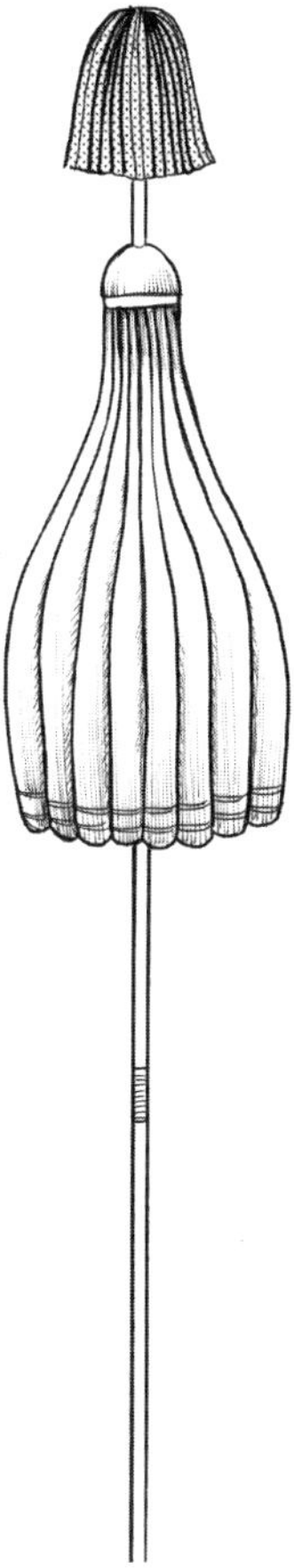

幸村の馬印▶

金の唐人笠に赤熊の出し

旗は２種類。赤地に金色の糸で縁取った折掛旗と、赤地に金で六文銭の模様で切れ込みが入った折掛旗。馬印は、中央が高く盛り上がった笠（唐《とう》人笠《じんがさ》）に、出しという飾り物がつく。

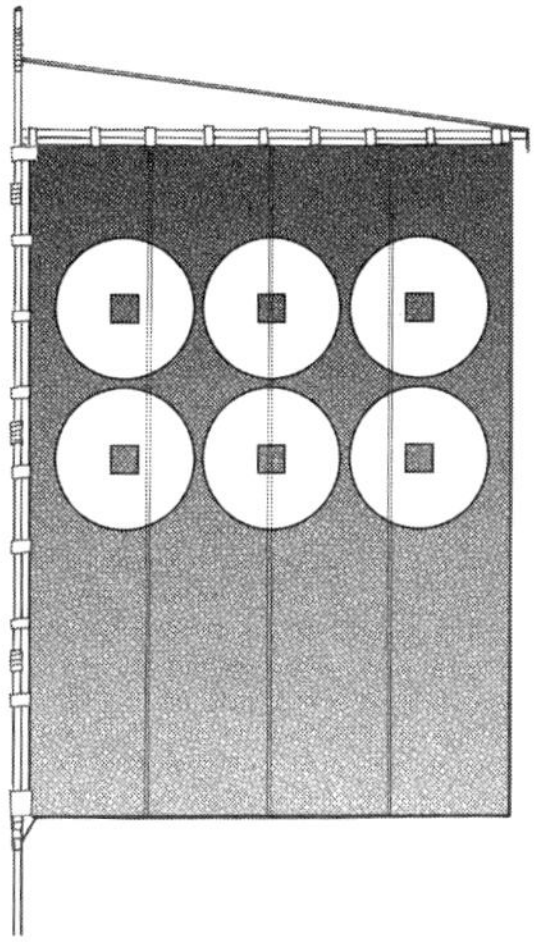

昌幸や信幸は六文銭の軍旗を使った

父子で地の色が異なり、昌幸は赤、信幸は黒といわれる。幸隆が信玄から授かったという、赤地と紺地の六文銭の旗も残る。

真田軍団1

最大でも4000騎。小勢ながら負け知らず

真田父祖の地を奪還し急躍進する

時期ごとに真田家の軍組織は異なり、史料からその変遷がうかがえる。勢力が飛躍したのは、独立大名になった天正10(1582)年ごろ。武田が滅び、領地と家臣団が新たに増えた。

幸隆 武田家臣時代

約250騎*

所領は真田郷《さなだごう》が中心。当時、信玄に従う有力土豪《どごう》は多くても150騎で、真田の250騎は飛び抜けて多い。なお昌幸は武藤《むとう》家の養子で、騎馬15騎、足軽30人の大将だった。

武田旧臣を大量に召し抱える

昌幸 天正13(1585)年

2000弱

第一次上田合戦時。上田城に配備された数。真田勢は軍勢200に雑兵1500だったという説もある。この人数に領民が加勢し、7000の徳川軍に勝った。

信幸は徳川へ
幸村は豊臣へ

昌幸 慶長5(1600)年

4000?

第二次上田合戦時。3000とも5000ともいわれる。さまざまな戦術を用いて、38000もの徳川秀忠軍を9日間も上田城にひきつけた。そのため秀忠は関ヶ原に間に合わず、真田軍は西軍に貢献することになった。

当初、信幸は戸石 城《といしじょう》に、幸村は刀根城《とねじょう》に配備された。この配備は臨機応変に変わり、刻々と押し寄せた徳川勢に対処した。

*「騎」は通常騎馬武者（騎兵）を示す数だが、当時の領地の規模から足軽（歩兵）も含めた数と見る専門家もいる。

真田家の忍軍は実在した

吾妻地方には、忍者が多い（P130 参照）。その統率者が、出浦対馬守《いでうらつしまのかみ》という実在の人物。史料には、横谷左近《よこたにさこん》や鷲塚佐太夫《わしつかさだゆう》などの真田忍者の名前も残る。

どんな人たち？

下級武士、農民、山伏、猟人、遊芸人など
主に、諸国を流れ歩いてもおかしくない者たちが担った。あるいは、そうした者たちに扮して仕事をこなした。

どんな仕事？

諜報（情報収集）、謀略など
敵や上方《かみがた》（京、大坂）などの情報を集めたり、敵の内部かく乱などのために工作活動を担ったりした。

真田家が真田郷を拠点としていた初期のころ、その兵力は1000人弱だったと推測される。武田家の軍記『甲《こう》陽軍鑑《ようぐんかん》』に騎馬武者数の記録があり、「信綱《のぶつな》三百騎、昌輝《まさてる》五十騎」と記されているためだ。通常騎馬武者1騎に足軽《あしがる》2人がついたことから計算すると、合計750人となり、多く見積もって1000人といったところだろう。

当時、昌幸は信玄の側近として従っており、騎馬15騎、足軽30人を引き連れる身分だった。

武田滅亡後に昌幸が独立したときや、父祖に仕えていた者を統合したあともさほど兵の数は増えなかった。徳川と戦った第一次上田合戦では自前の兵では少なすぎるため、領民も加えた2000の兵で7000の徳川軍を迎撃、守り切った。第二次上田合戦のころは、4000人にまで拡大したようだ。

第一次上田合戦

徳川軍を少ない手勢で退け、圧倒的な勝ち戦に

領民を総動員した作戦が功を奏する

第一次上田合戦は、真田の名声を天下に知らしめた戦い。上杉の援軍があっても、兵力差は甚大。昌幸は戦いが長引くと不利と見て、かく乱作戦を駆使。勝利をもぎ取った。

徳川軍	VS	真田昌幸
（鳥居元忠《とりいもとただ》ら）		
兵力 約7000	兵力差 約4倍	兵力 約2000

領民を周囲の山に伏せ、援軍に見せかける

領民たちに紙旗や弓、鉄砲をもたせ、周囲の山や森に配置。城からの合図で、一斉に鬨《とき》の声を上げ、立ち上がらせる。徳川軍は新たな援軍が来たと思い、逃げまどった。

上田城内に民を入れ、戦力として使う

城の周辺に住む農民は、女性や子ども含め、みな上田城内に籠城《ろうじょう》させ、兵力として使った。女子どもは石つぶてを持ち、敵に打ちかけたという。

家康《いえやす》の沼田《ぬまた》城《じょう》明け渡し要求を突っぱねた昌幸は、徳川の大軍７０００を上田城で迎撃。昌幸は上田城を守り、支城にも兵を置いた。戸石城は長男の信幸、矢沢城《やざわじょう》には昌幸の従兄弟・矢沢頼《より》康《やす》と上杉の援軍、丸子城《まるこじょう》には味方の小豪族・丸子氏が守りを固めた。

　上田城に攻め寄せる徳川軍と対峙した昌幸は、急に兵を引かせた。追ってきた徳川軍を二の丸まで入れ、反撃に転じた。巧みに配置された真田の伏兵が、徳川軍の側面を攻撃。たまらず兵を引く徳川軍だが、複雑な城内では満足に動けず、追撃を受けて大混乱に。

　そこへ戸石城から信幸隊が出撃して横合いから攻撃。追撃戦に矢沢隊も加わる。城外東に流れる神川《かんがわ》へ追い込まれた徳川軍は多数の溺死者を出した。

　徳川軍は１３００もの戦死者を出し、真田軍は40ほどの犠牲ですんだ。

関ヶ原の戦い直前

西側の情報を集めてから、西軍に属することを決断

火急のときこそ綿密な情報収集を

西軍挙兵の報が入ったとき、昌幸はすぐに西軍に入ったと思われがち。実は綿密に情報を集め、西軍に利ありと判断してから、味方することを決断している。

慶長5(1600)年7月21日ごろ

犬伏の別れ

犬伏の自らの陣所へ信幸を呼び寄せ、幸村も交えて協議。父子兄弟が、東西両陣営に分かれることに。

昌幸、幸村

上田城へ帰陣

２人は、すぐに上田へ引き返した。東軍に味方する軍勢との遭遇を予測し、迂回路《うかいろ》をとり沼田を経由（P60 参照）。上田城へ帰陣すると、防戦の備えの手配に奔走した。

合意の離別と見られがちだが、実際は激論のすえの決裂。しかし父子は、互いの心をひそかに了承していた。この柔軟さが真田の強さ。

上杉氏討伐のため、豊臣家の大名を引き連れて会津《あいづ》へ向かう徳川家康。真田昌幸も、その一員として従った。その途中、大坂で石田三成《いしだみつなり》が挙兵したとの報が入り、家康は進軍を止める。

ここで諸大名は、徳川（東軍《とうぐん》）につくか、石田（西軍《せいぐん》）につくかの選択を迫られた。昌幸は下野《しもつけ》・犬伏《いぬぶし》（栃木県佐野市）で軍議を開き、幸村とともに西軍に与し、信幸は東軍に味方することで決定を見た。昌幸は上田へ戻ってからも、石田三成から上方《かみがた》（大坂や京）の情勢、西軍の陣容などを仔細に聞き出し、戦後の待遇も確認したうえで最終的な決断を下している。

東軍	VS	西軍
約7万4000	兵力	約8万4000
井伊直政《いいなおまさ》、加藤清正《かとうきよまさ》、黒田長政《くろだながまさ》、藤堂高虎《とうどうたかとら》、福島正則《ふくしままさのり》、細川忠興、本多忠勝《ほんだただかつ》、織田有楽《うらく》、山内一豊《やまうちかずとよ》など	武将	宇喜多秀家《うきたひでいえ》、小早川秀秋《こばやかわひであき》、大谷吉継、吉川広家《きっかわひろいえ》、毛利秀元《ひでもと》、島津義弘《しまづよしひろ》、小西行長《こにしゆきなが》、島左近《しまさこん》、安国時恵瓊《あんこくじえけい》、織田秀信《おだひでのぶ》など

7月29日
西軍から、西の情勢を知らせる書状
西軍からの書状では、大坂城の家康の留守居を追い出し、大将・毛利輝元《もうりてるもと》が入城。諸将の人質をとり、家康の伏見城《ふしみじょう》を攻撃していることを伝える。

7月31日
三成から、昌幸へ謝る書状
（相談なしに挙兵したことを責めた昌幸の書状に対し）謝り、「今は後悔している。昌幸と幸村の妻子は、大谷吉継《おおたによしつぐ》が預かるから安心を」と伝える。情勢や軍略も告げている。

8月2日
西軍から、東軍の妻子を人質にした書状
大坂で東軍に下った将の妻子を人質にしたこと、東軍に味方する細川忠興《ほそかわただおき》の城を攻撃中であることを伝える。

8月5日ごろ
昌幸、西軍に属すことを決断
この時期に、昌幸は味方を公言したと見られる。昌幸は、信幸が東軍であることを三成に明かさなかった。

8月5～10日
三成、戦中・戦後の話をする書状
西軍に味方した関東甲信越の大名を知らせ、信州や甲府の統率を昌幸に託す。東軍が上洛してきたら、尾張《おわり》と三河《みかわ》のあいだで討つこと、西軍諸将が出陣したことを伝える。

9月
第二次上田合戦へ

第二次上田合戦

秀忠の大軍に籠城で抵抗。奇策で大損害を与える

「戦巧者真田」の策が光る

秀忠は小諸城《こもろじょう》から全軍を率いて出立。上田城の東の台地に陣を張った。

1
幸村軍が戸石城を空けて、上田城へ撤退。秀忠が信幸に、戸石城に入るように命じる。

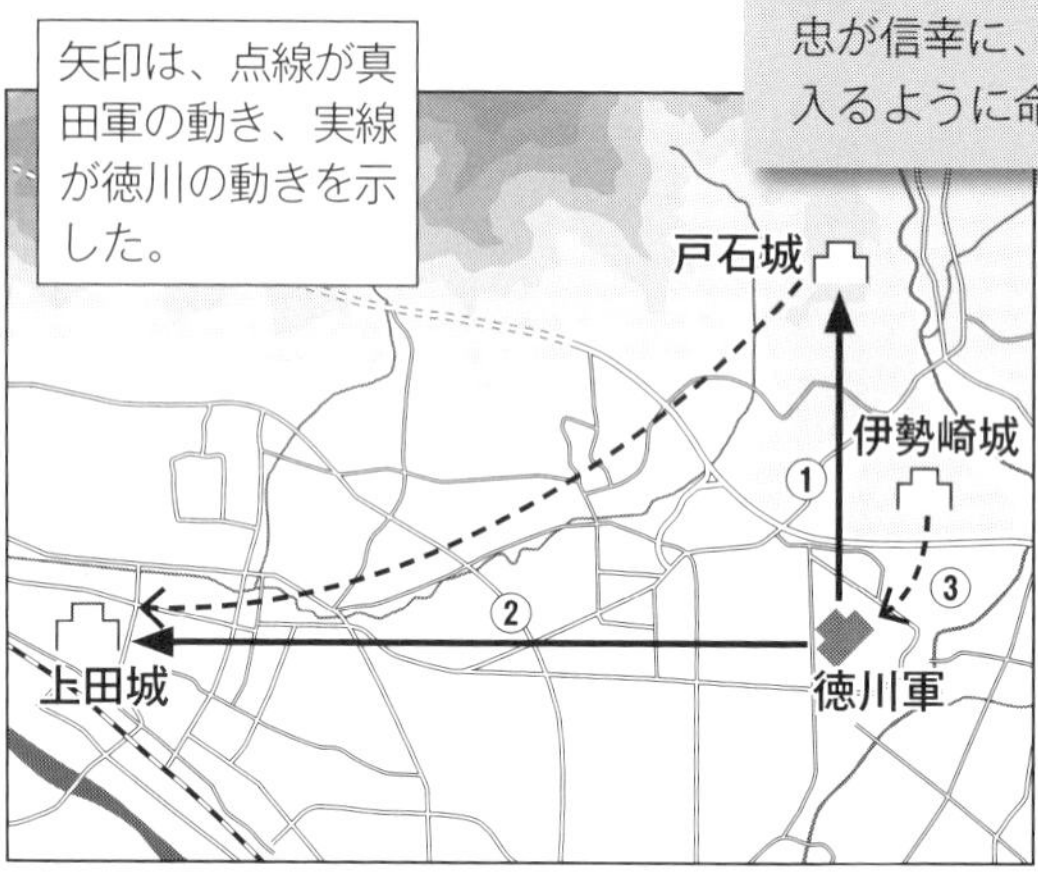

矢印は、点線が真田軍の動き、実線が徳川の動きを示した。
戸石城
伊勢崎城
①
②
③
上田城
徳川軍

2
徳川軍が勢いづき、そのまま上田城の攻略をはじめる。小競り合いから、そのまま上田城に迫る。

3
城門の前で大激戦。伊勢崎城《いせさきじょう》の真田軍の伏兵が、徳川軍の後ろから挟撃する。

大坂方面へ軍を返した家康は、東海《とうかい》道《どう》を西へ進んだ。家康の子・秀忠《ひでただ》は3万8000の軍勢を率いて中山道《なかせんどう》を進軍。家康と秀忠の軍は、西で合流する手はずだったが、秀忠はそれを秘して道中にある上田城を制圧にかかった。秀忠はまず、昌幸に書状を送って開城を求めたが、昌幸は返答を先延ばしにした揚句、約束を反故《ほご》にした。徳川軍を足止めし、籠城戦《ろうじょうせん》の準備を進める時間を稼いだのだ。

　激怒した秀忠は上田城へ攻め寄せ、城下の田の稲を刈り取って挑発する。しかし、城外へ出てきた真田軍は戦わずに撤退。釣られた徳川軍は追撃し、

◘「敵を引きつけて反撃」戦法を展開◘

戦場の整備のため、徳川軍が城周辺の稲を刈りはじめた(刈田《かりた》)。刈田を真田兵が妨害し、小競り合いに。そのまま徳川軍の多数が城門まで押し寄せ、城兵に反撃された。

徳川軍に小競り合いを仕掛ける
城まで引きつけて反撃を食らわせる

徳川兵は、櫓《やぐら》の上から弓や鉄砲が射掛けられ、門前で乱闘に。城兵の手強い反撃に、徳川兵は多数死傷した。

上田城門前に迫った。待ち受けていた昌幸は、味方が城へ入ったことを確認してから鉄砲隊に一斉射撃を命じる。

15年前と同様、真田軍は徳川軍に少数で勝利。敗れた秀忠の軍は上田城攻略を諦めて西へ進軍するが、悪天候が災いし「関ヶ原の戦い」に遅刻する失態を演じてしまったのである。

COLUMN

「敵の首一つに百石」で民の士気を上げた

上田合戦の前、昌幸は城内の武将を一人残らず呼び集めた。「足軽や小者、百姓に至るまで、敵の首一つにつき百石を与える」と申し渡した。この言葉で領民も勇み、戦いに力を尽くしたという。

軍記物語の一節で、事実か誇張か定かではない。圧倒的不利を巧みな戦略で覆したことは確かだ。

大坂冬の陣

真田軍団2

信濃以来の旗本や九度山以来の従者が集う

◘九度山に旧臣が馳せ参ずる◘

幸村は、罪人としてほぼ身一つで九度山に蟄居《ちっきょ》。大坂で戦乱の気運が高まると、幸村の下に多数の兵が集まった。

九度山配流

16人

九度山に従った家臣はいずれも身分の低いものたちで、上田合戦などを戦った主な重臣はいない。昌幸死去後は、家臣のほとんどが上田に戻り、幸村の下に残ったのは数人程度。

16 人は家臣の名前から把握できる数で、ほかに侍女や小者も含めると 50 人超とされる。

九度山脱出

約100人→約500人

長男大助《だいすけ》と３名の近臣のほか、上田からの郎党や付近の郷士《ごうし》、地侍が加わった。脱出後、紀見峠《きみとうげ》で夜を明かしたとき、郷士や牢人が集まり、さらに 500 人に増えたという。

村人を酔わせて抜け出した？

小説などでは、監視の村人に酒をふるまい、酔わせて眠ったところを脱出したという。

関ヶ原の戦い後、真田信幸は以前から支配していた沼田《ぬまた》と合わせ、父・昌幸の領地だった上田も、家康から与えられて支配することになった。

昌幸の旧臣たちは、ほとんどが上田に残ったため信幸に仕えることになったが、一度は敵味方に分かれた手前、けじめをつけるため「新たに召し抱える」という体裁をとった。一方で牢人になった者も多かったようだ。

紀伊《きい》へ配流された昌幸、幸村に付き従った者は公には16名だったが、大坂の陣のさいには１００余名となっていた。昌幸・幸村を慕う者が、密かに紀伊へと集ったのだろう。

大坂入城のときは大軍団に

大坂に向かうとき、あちこちから幸村に従う者が集まった。蟄居中も、絶えず天下の情勢を把握し、戦の用意をしていたためだ。幸村の軍略と計画の緻密さがうかがえる。

豊臣方の史料には、真田の兵は6000（誇張か）と記録されている。

大坂の陣

軍卒5000人
旗本180人

真田丸に詰めたとき、さらに信州から真田の旗本が馳せ参じて兵数が増加。秀頼の命で、真田隊に加わった将や目付役（軍監《ぐんかん》）もいた。

「赤備え《あかぞな》」は精鋭部隊の証

赤備えとは、よろいや旗などの武具を赤色でそろえた部隊のこと。当時赤い染色料は高価で、戦場で赤は特に目立った。そのため、武勇に秀でた武将が率いる精鋭部隊が用いた。

武田の赤備え

井伊の赤備え

真田の赤備え

武田信玄《しんげん》（P80 参照）が最初。徳川家臣の井伊直政も用いた。

COLUMN

上杉の人質時は家臣100騎が従った

上杉家に人質として赴いたとき、幸村は弱冠19歳。大叔父の矢沢《やざわ》但馬守《たじまのかみ》が軍代《ぐんだい》となり、海野《うんの》や望《もち》月《つき》、丸子《まるこ》、浦野《うらの》などの家臣が100騎従ったと記録に残る。

上田時代の幸村の軍団は、推測が難しい。しかし時折、十勇士（P112参照）につながる名前が見られるのは面白い。

大坂冬の陣

戦の支度

功名と死に場所を求め、九度山を脱出する

昌幸と幸村は、九度山《くどやま》の真田庵《さなだあん》で軟禁状態だったとはいえ、それほど厳しい監視を受けていたわけではない。家臣に召使い、妻子も含めると50人ほどの一行が真田庵周辺に住んでいた。

慶長《けいちょう》16（1611）年、昌幸は九度山で病死。昌幸は近い将来の徳川と豊臣、東西の決裂を予見していたが、それが現実となる。慶長19（1614）年、方広寺鐘銘《ほうこうじしょうめい》事件により両家の間に亀裂が走り、豊臣家は牢人を募りはじめ、幸村にも参戦の誘いをかけた。父の予見を信じて策を練り、時を待っていた幸村は、身を奮い起こし、「そこが死に場所」と大坂城へ向かう。

武将として死ぬ決意を抱く

幸村は、武将の誇りをもって最期を迎えたいと、時がくるのを待ち望んでいた。大坂から与えられた大金で、約6000人の武具を用意。武具は上下赤一色の「赤備え」だった。

手当金
黄金200枚
銀30貫文

→ 旗やよろいをそろえる

↓ 一部は妻子へ残す

幸村の武具は、赤備えと鹿角《かづの》のかぶとが有名。屏風絵《びょうぶえ》にも描かれた。写真は幸村の武具のレプリカ。

写真提供：和歌山県九度山町

すでに豊臣方の敗色を読みとっていた幸村

大坂城には牢人ばかりが集まり、
大名は一人もいなかった。

天下の趨勢 ＋ 武将やその指揮能力

↓

大坂方の勝利は薄い。だがやり方によっては勝てる

家康も徳川家臣も、百戦錬磨の武将。一方大坂方の首脳は、実戦経験のない者ばかり。しかし地理や戦術を生かせば、有利になると考えた。

打って出て先制攻撃すべき

徳川軍の戦備が整わないうちに先制攻撃をしかける策を主張。後藤基次《ごとうもとつぐ》や毛利勝永《もうりかつなが》ら実戦経験のある牢人らも賛同した。

反対

真田は徳川と通じているかもしれない

籠城で十分勝てる

兄の信幸や親族、重臣のほとんどが徳川軍。大野らは幸村が徳川軍と通じていることを疑い、幸村の策を退ける。堅固な大坂城に籠城すれば勝てると見込んだ。

真田の戦略を生かすには独自の戦場が必要だ

ただ籠城するだけでは、真田の戦い方ができないと考えた。

大坂冬の陣

戦場づくり

堀や櫓、柵を巧妙に構えた堅固な出城を築く

幸村の知識と経験が生きる

真田は、敵を引きつけ痛撃を与える戦法を得意とする（P150参照）。籠城戦では真田の戦法を生かせないと考え、幸村は計画的に合理的に戦略を練った。

真田丸の仕掛けの例

形　丸馬出《まるうまだし》

馬出は門前に曲輪《くるわ》を築き、周りに堀を設けたもの。半円形は武田の城によく使われ、幸村は実戦に役立つ防御施設として採用した。

堀　空堀《からぼり》と水堀《みずぼり》

周囲に２種類の堀を巡らせた。水のないものが「空堀」、水を入れたものが「水堀」。空堀は敵を動きにくくさせるため深く、水堀は敵の侵入を阻むため広くした。＊

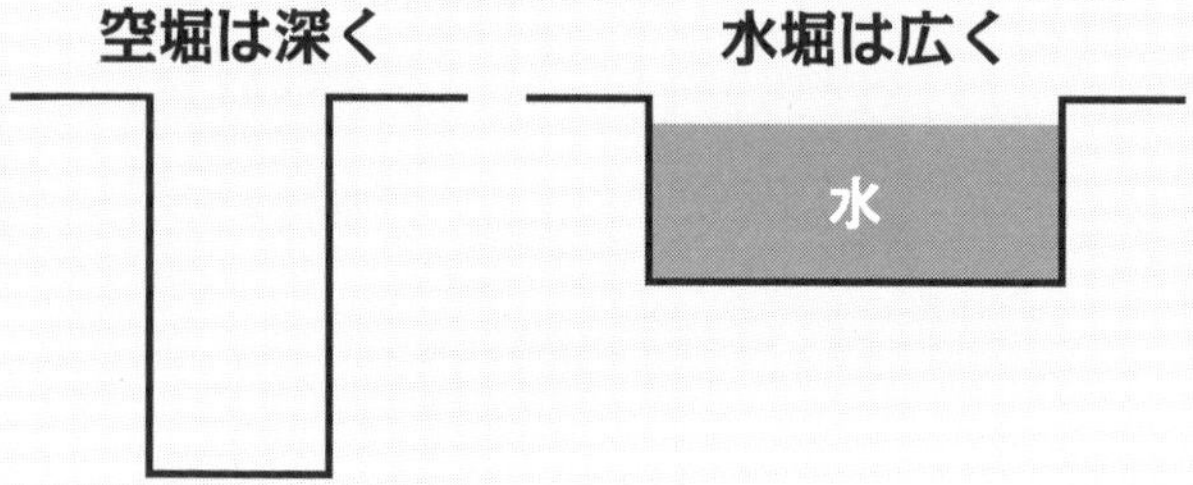

大坂城には10万もの牢人が集結し、幸村も入城。蟄居中に集まった側近や、大坂入城を知って配下になろうと集った牢人も合わせ、彼の兵力は5000近くになった。

大坂城で開かれた軍議で、幸村らは大坂城から出撃する作戦を唱えるが、豊臣首脳陣は採用せず、結局籠城と決まった。幸村は、大坂城の南側が主戦場になることを見越して出城を築くことを提案し、その守備を買って出た。

幸村は、敵の主力を一手に引き受ける「真田丸《さなだまる》」を構築。三方を空堀と塀で囲み、三重の柵を巡らし、所々に櫓《やぐら》を設けた厳重な出城だった。

＊水堀や小曲輪はなかったという説もある。

◘死地に攻めるための砦を築く◘

真田丸は単なる出城ではない。惣構《そうがまえ》の外に築かれた砦。危険な場所にあり、徳川軍の格好の標的になった。幸村は本来防御に使われる出城を、攻める砦にした。

出城の外

谷がある複雑な地形で、大軍は動きづらい。柵を三重に設け、敵の突撃の勢いを削ぐ。

惣構とのあいだに小《しょう》曲輪*

真田丸と惣構を結ぶ道の防御や、敵に背後から攻められたときの迎撃に使う。曲輪と真田丸のあいだには堀があり、曲輪が落ちても真田丸に影響がない。

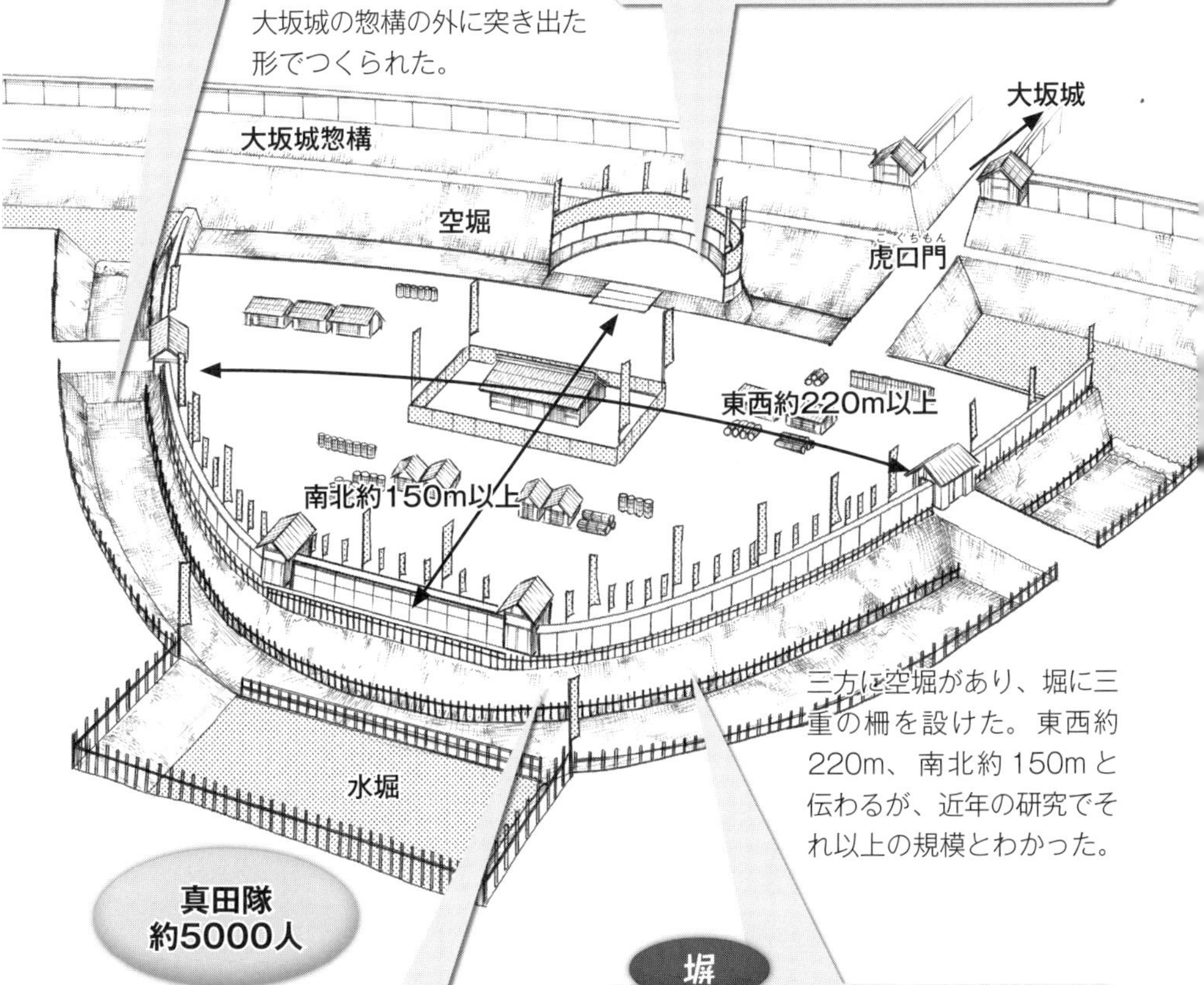

大坂城の惣構の外に突き出た形でつくられた。
大坂城
大坂城惣構
空堀
虎口門《こぐちもん》
東西約220m以上
南北約150m以上
三方に空堀があり、堀に三重の柵を設けた。東西約220m、南北約150mと伝わるが、近年の研究でそれ以上の規模とわかった。
水堀
真田隊
約5000人

塀

2階建てで、2mごとに鉄砲を撃つための穴が開く。1階は雨でも火縄銃が撃て、2階はテラス状で応援に駆けつけやすい。裏には約2mの通路があった。

櫓や井楼《せいろう》

2階にわずかな出っ張りがあり、隙間から石を落とす。

大坂
冬の陣

真田の
戦法

敵を誘い出す戦法を真田丸でも応用する

真田軍団は、小勢で大軍相手に何度も勝利した経験をもつ。幸村は、小勢で大軍と戦うには、戦場だけでなく戦法も重要とわかっていた。真田丸の力を十二分に発揮するために、第二次上田合戦で使った「敵を引きつけて反撃」戦法（Ｐ１４２参照）を応用した。

◘敵を誘い出す戦法を採用◘

敵を引きつけて反撃する戦い方は、まさに「きつつき戦法」。川中島《かわなかじま》の戦いで、武田軍がとった戦法だ。昌幸はこれを応用して、上田合戦で勝利をもぎ取った。

「きつつき戦法」とは

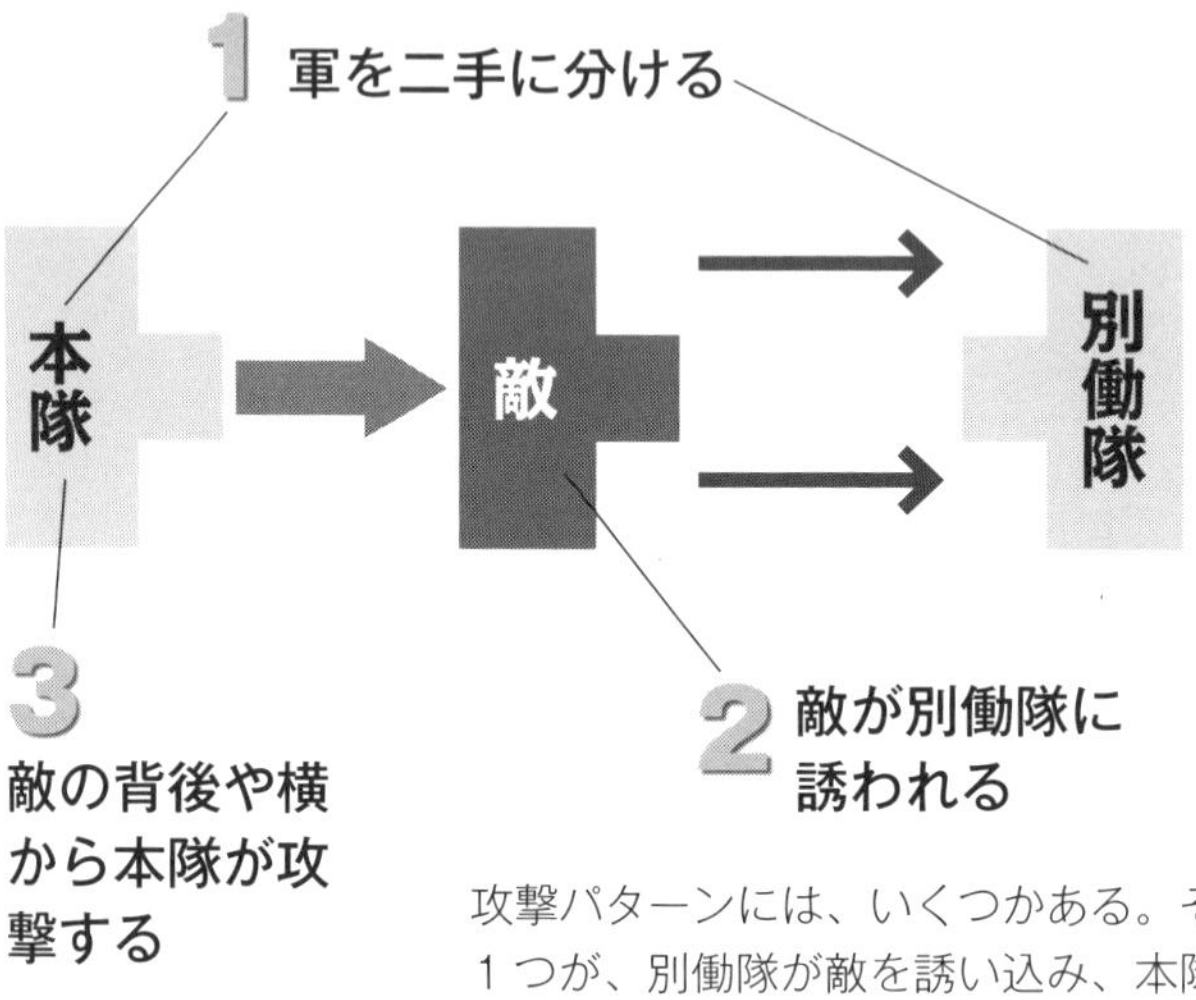
1 軍を二手に分ける
本隊
敵
別働隊
2 敵が別働隊に誘われる
3 敵の背後や横から本隊が攻撃する

攻撃パターンには、いくつかある。その１つが、別働隊が敵を誘い込み、本隊で挟撃するというもの。幸村は上田合戦で経験し、その効力を実感していた。

真田丸の戦いでも応用された
（P152 参照）

◘大軍に対し小勢で戦う真田の戦法◘

真田丸の前には、3 倍の敵兵が押し寄せた。真田兵は「誘導→反撃」の戦法で、徳川軍に痛撃を与えた。

敵兵を城壁に引きつける
上から鉄砲や弓を射る
すぐ城内へ引き返す
混乱した敵兵の横から突く

真田丸を最大限に活用して、上田合戦でつちかった戦法を繰り広げる（P152 参照）。

大坂冬の陣

真田丸の戦い

大軍を城壁に引きつけて大損害を与える

◘「真田の戦法」を発揮した攻防◘

真田丸と真田の戦法を駆使した戦術で、東軍は最大の損害を被る。一方、大坂方はほとんど損害がなかった。真田丸の戦いでは、東軍の完敗といえる。（①～⑥はP153参照）

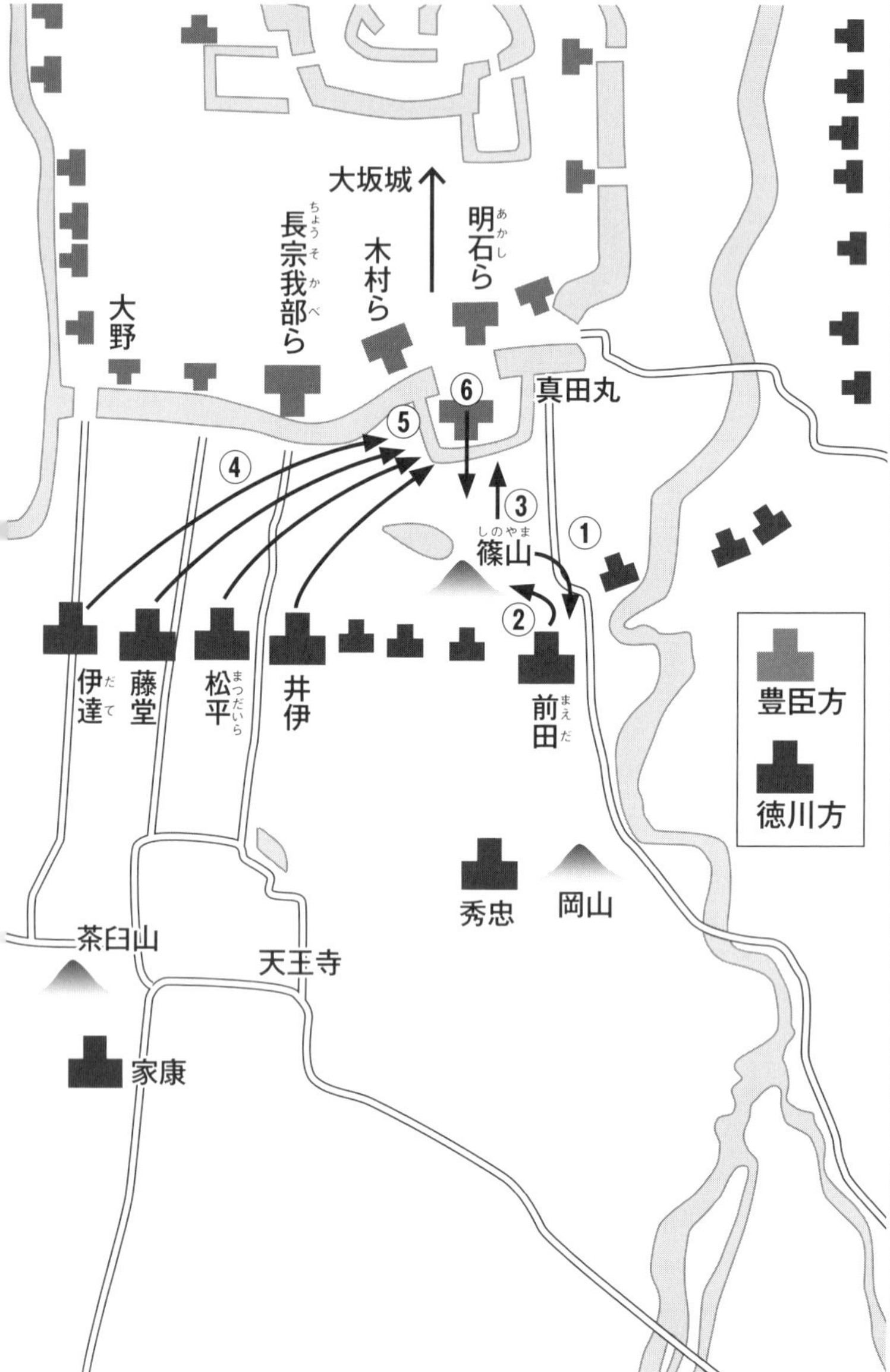
大坂城
明石《あかし》ら
長宗我部《ちょうそかべ》ら
木村ら
大野
真田丸
⑥
⑤
④
③
①
②
篠山《しのやま》
伊達《だて》
藤堂
松平《まつだいら》
井伊
前田《まえだ》
豊臣方
徳川方
秀忠
岡山
茶臼山
天王寺
家康

戦いを有利に進めるかけ引き

1

前田隊が堀を作るのを篠山から妨害

家康の命で、前田隊が堀を作りはじめた。幸村は篠山に一隊を出して射撃させ、前田隊に損害を与える。

2

前田隊の攻勢を予見して篠山を退く

2日後の夜半、前田隊は篠山を取り巻いた。真田兵は撤退済みで篠山は無人。

3

前田隊が真田丸に迫る

前田隊は方向を見失い、真田丸に近づく。真田丸の兵は、壁に迫った前田隊に集中攻撃を行い、大損害を与えた。

4

他隊が功を焦り、城壁に迫る

前田隊の進軍を見て、松平や井伊の隊も先を争い、盾も持たずに城壁に迫る。幸村は矢や銃弾を上から浴びせた。

5

敵の攻撃を誘い、反撃

事前に内応者が出るという偽情報を、東軍に流した。真田丸後方で爆発が起き、東軍はそれを内応者によるものと思い、城壁へ押し寄せた。

6

大坂城内から味方が加勢し、敵を打ち破る

城から木村や大野、後藤《ごとう》らが出撃し、側面から東軍を攻撃。真田丸からも兵が出撃し、大打撃を与えた。

幸村は真田丸から一隊を出撃させ、徳川軍の前線部隊に銃撃を浴びせて挑発した。これにまんまと誘い出された前田利常《としつね》の先鋒隊は真田丸へ向かい、それを見た諸隊も手柄を渡すものかと先を争って前進した。幸村は敵を十分に引きつけ、柵に触れるほど近づいたところで銃撃を開始し、徳川軍に大打撃を与える。14年前に昌幸が行った上田合戦と同様の戦法だった。

そのとき大坂城内で爆発が起きた。石川康勝《いしかわやすかつ》隊が誤って、火薬に火縄銃の火を落としたのだ。これに東軍は勢いづいて迫ったものの、真田丸と大坂城からの攻撃で多数の死傷者を出した。

この局地戦における勝利は、大坂冬の陣で唯一西軍が優位で進めた戦果だった。結果、家康は力押しを諦め、包囲を続けたまま砲火を浴びせる戦法へと切り替えたのである。

大坂夏の陣直前

大坂城外へ出撃し、関東勢の進攻を抑える作戦

◘大和口を任された三将が結束◘

東軍の主力は、奈良街道の大和口から来襲すると予測されていた。幸村は、同じく大和口を守る後藤基次《ごとうもとつぐ》や毛利勝永《もうりかつなが》と戦略を練った。

戦の前夜、幸村と勝永は基次の陣を訪ね、「3人が死ぬか、家康と秀忠の首をとるか、どちらかだ」と決別の杯を酌み交わし別れた。

冬の陣は和睦で終結したが、5か月後に戦闘が再開。夏の陣開戦となった。和睦の条件で堀を埋められ、二の丸まで取り壊された大坂城は丸裸。

西軍は出撃して野戦で大将の首をねらう戦法に出た。幸村ら諸将は、東軍が集結しないうちに先鋒隊の出鼻を叩き、次に東の山城《やましろ》・奈良方面から河内《かわち》平野《へいや》へ進出して敵の各個撃破をはかる。

そのために大坂城周辺の拠点を制圧する必要があったが、いち早く大和郡《やまとこおり》山城《やまじょう》を落とすことに成功。しかし、和歌山城の攻略には失敗し、塙直之《ばんなおゆき》、淡《たんの》輪重政《わしげまさ》らが討ち死にした。前哨戦の戦果は不十分に終わった。

◘大軍を小勢で抑えるための積極的迎撃策◘

大坂へ大軍が集うには、奈良街道と河内街道を使うしかない。大坂方は軍を二手に分け、奈良街道の大和口と河内街道の河内口で迎撃する作戦を立てた。

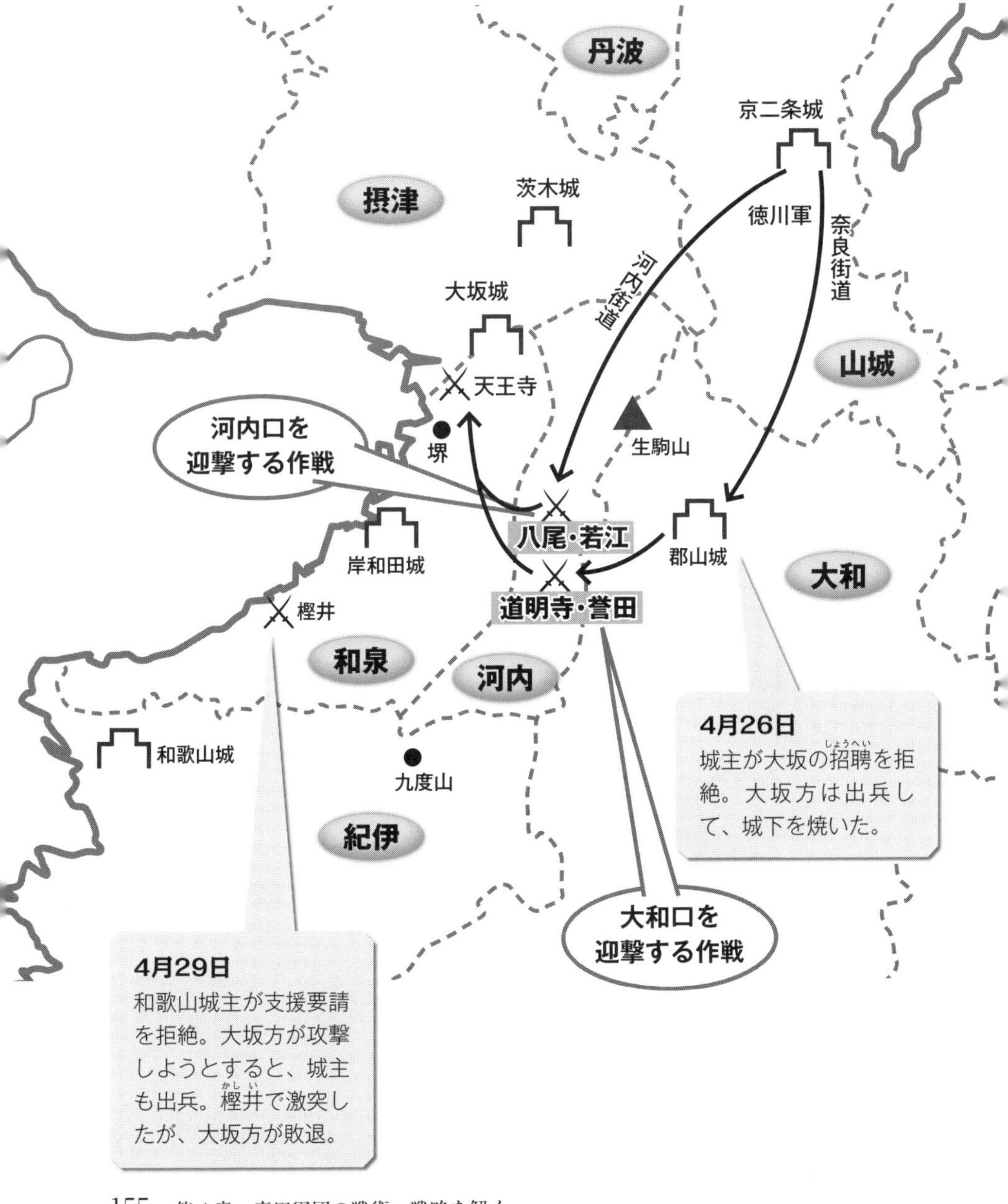

丹波
京二条城
摂津
茨木城
徳川軍
奈良街道
河内街道
大坂城
山城
天王寺
河内口を迎撃する作戦
堺
生駒山
八尾・若江
郡山城
岸和田城
大和
道明寺・誉田
樫井
和泉
河内
4月26日
城主が大坂の招聘《しょうへい》を拒絶。大坂方は出兵して、城下を焼いた。
和歌山城
九度山
紀伊
大和口を迎撃する作戦
4月29日
和歌山城主が支援要請を拒絶。大坂方が攻撃しようとすると、城主も出兵。樫井《かしい》で激突したが、大坂方が敗退。

歴史の舞台裏8

道明寺と八尾・若江で徳川を迎撃。旧友らが死す

東軍約15万、西軍約8万の戦いとなった夏の陣は、野戦だけに、やはり数に勝る東軍が優勢だった。特に西軍は総大将の豊臣秀頼が戦場に出ないために戦意も上がらず、各地で敗退を続ける。

河内・京方面から大坂城へ迫る東軍を、八尾《やお》・若江《わかえ》で迎撃したのは若武者・木村重成《しげなり》と長宗我部盛《もり》親《ちか》。木村は激戦の末に戦死し、長宗我部の部隊も粘り強く戦ったが支えきれずに城へ撤退した。

道明寺の戦線には真田幸村、毛利勝永、後藤基次が向かった。3人は「明日は夜明け前に各々出発し、道明寺《どうみょうじ》で合流して徳川軍を迎え撃とう」と別れの盃を交わした。しかし、翌朝は濃い霧が立ち込めて進路が見えず、幸村や勝永は出陣できなくなった。

先行した後藤基次は、味方の到着を待ったが来ない。そこで東軍に取られる前に要地の小松山《こまつやま》に陣取り、単独で敵を一手に引き受けることに。２８００の兵で、その10倍近い東軍相手に数時間も激闘を続けたが、ついに疲れが生じて基次は戦死した。歴戦の勇将たちが次々と討たれ、西軍は敗色を濃くしていった。

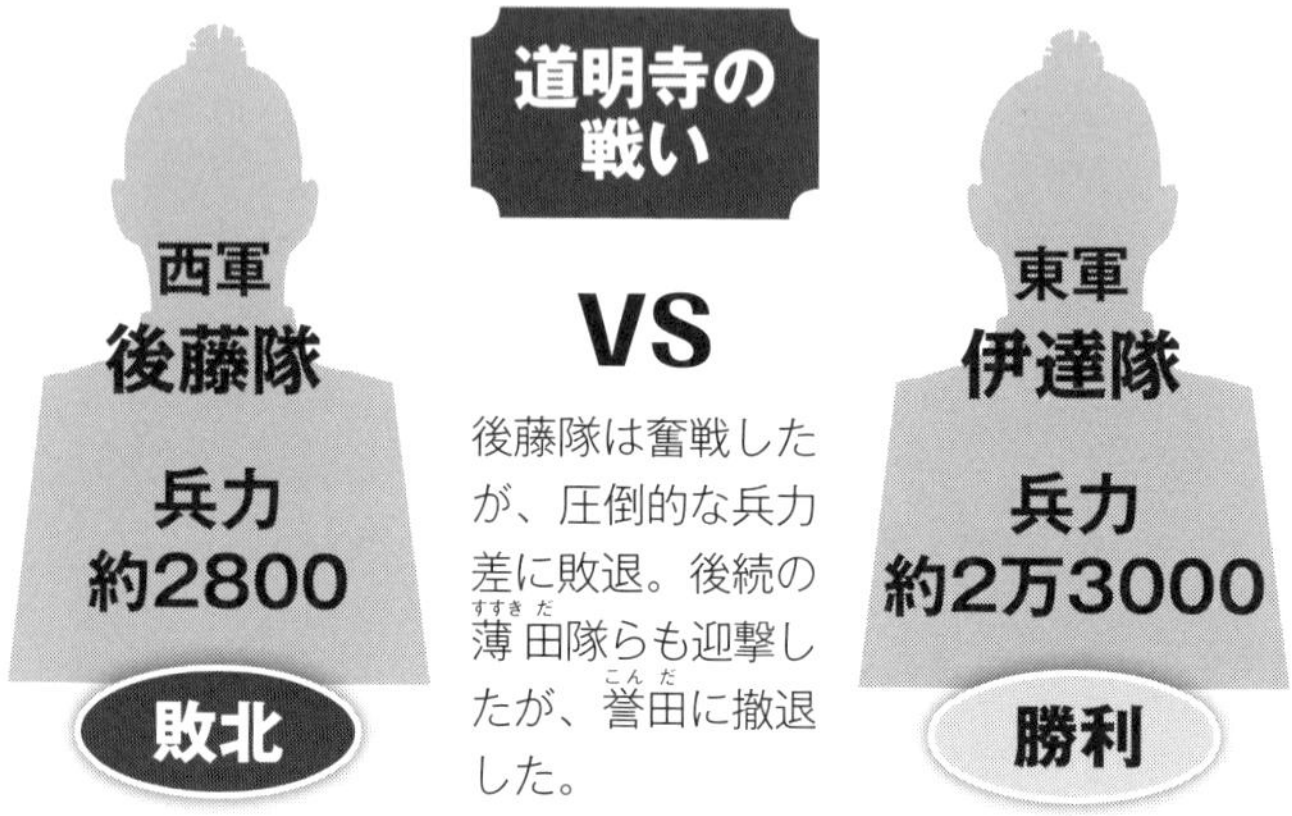
道明寺の戦い
西軍
後藤隊
兵力
約2800
敗北
VS
東軍
伊達隊
兵力
約2万3000
勝利

後藤隊は奮戦したが、圧倒的な兵力差に敗退。後続の薄田《すすきだ》隊らも迎撃したが、誉田《こんだ》に撤退した。

◘統一した指揮組織を欠き敗北◘

天王寺付近の濃霧に遮られ、西軍は兵力を分断された。戦機を逸し、後藤や薄田など有力武将を失う。

小松山には古戦場碑が残る。この付近は古墳も多く、古戦場の雰囲気が味わえる。

写真提供：真優舎

道明寺の戦い（5月6日夜明け）

後藤隊は６日０時、松明を手に出陣。徳川方が国分《こくぶ》村にいることを知り、小松山に陣取った。夜明けとともに東軍と衝突。奮戦するも敗れた。

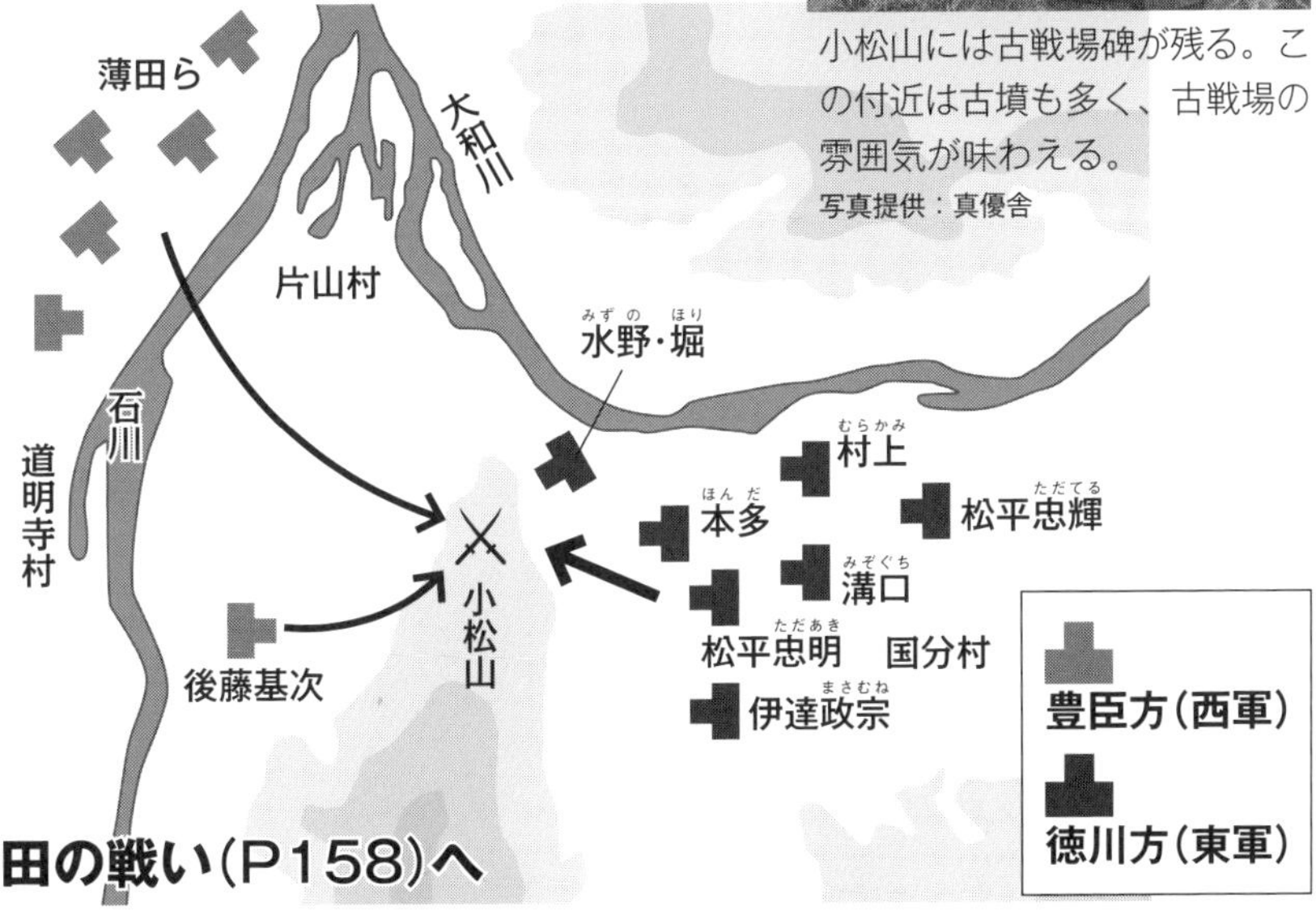

薄田ら
大和川
片山村
石川
道明寺村
水野《みずの》・堀《ほり》
村上《むらかみ》
本多《ほんだ》
松平忠輝《ただてる》
溝口《みぞぐち》
小松山
後藤基次
松平忠明《ただあき》
国分村
伊達政宗《まさむね》
豊臣方（西軍）
徳川方（東軍）

⬅誉田の戦い（P158）へ

若江の戦い

西軍 木村隊 兵力 約4700 敗北

VS

東軍 井伊隊 兵力 約3200 勝利

木村隊は井伊隊を迎撃。勇戦したが、力尽きて木村重成が討たれる。木村隊は敗れて潰走した。

八尾の戦い

西軍 長宗我部隊 兵力 約5300 敗北

VS

東軍 藤堂隊 兵力 約5000 勝利

長宗我部隊は、藤堂隊と衝突。地の利を生かして圧倒したが、木村隊の敗退で井伊隊が参戦したため、大坂城に退却した。

大坂夏の陣

誉田の戦い

幸村遅参するも怒濤の猛進で伊達政宗を押し返す

幸村の軍略に東軍が恐れをなす

濃霧で到着が遅れた幸村は、誉田陵《こんだりょう》の土手に陣を敷き、伊達政宗隊を迎撃。痛撃を与えられた伊達隊は攻撃を止め、本多・松平隊も真田隊を恐れて動かなかった。

豊臣方（西軍）
徳川方（東軍）
毛利隊が先着し、藤井寺《ふじいでら》で後藤・薄田隊の残兵を収容。徳川方を迎撃した。
藤井寺村
毛利勝永
石川
大和川
水野・堀
本多忠政
村上
明石全登《あかしてるずみ》
松平忠輝
小松山
誉田陵
伊木《いき》遠雄《とおかつ》
松平忠明
溝口
誉田村
伊達政宗
真田幸村
圓明村
古市村

幸村は、手勢を草の茂みや岩陰に潜ませた。数を頼みに伊達隊が近づいたとき、一斉に伏兵に槍で突かせた。敵の出鼻をくじき、多数の手負いを出した。

激戦ののち、誉田陵を挟んで両軍が陣営を整え、にらみ合いになった。

午後２時半ごろ

大坂から退却命令

大坂から、河内口の敗戦の報と撤退命令が届く。

殿を引き受け、悠々と去る

河内口の軍による挟撃の可能性から、退却を余儀なくされた。大軍相手の撤退戦は最も難しいが、幸村は殿《しんがり》を引き受けた。

まず西軍大和口諸隊が退却

↓ 午後４時ごろ

民家に放火し、混乱に乗じて退却

東軍は「真田の戦術」を恐れ見送る

↓

関東勢百万も候へ、男は一人もなく候よし

東軍は、うかつに追撃して幸村の奇策にはまることを恐れた。幸村は声高にののしって、悠々と退却した。

後藤基次が小松山で戦死したあと、明石全登らが道明寺に到着し、東軍に挑んだが、苦戦に陥って誉田へ後退。

そこへ毛利勝永、さらに遅れて真田隊が誉田付近に到着する。霧が晴れ、午後になってようやく前線に出ることができた。ほどなく、後藤隊を壊滅させた伊達政宗の部隊が押し寄せた。

幸村は兵を伏せて伊達の騎馬鉄砲隊を迎え撃ち、これに痛撃を加えた。さらに伊達勢を東の道明寺へと押し返す奮闘を見せる。

圧倒的不利だった西軍だが、毛利・真田の軍が到着したことで盛り返し、両軍はにらみ合いとなる。夕方になり、大坂城から撤退命令が出たため西軍は撤退。東軍は戦いに疲れ追撃してこなかったため、幸村は「敵は百万というが、男は一人もいないぞ」と叫び、味方の士気を高めた。

大坂
夏の陣

天王寺・岡山の戦い1

波状攻撃で大勢を突破。影武者を使ったという説も

大坂城周辺の拠点は、次々と東軍の手に落ちた。残るは本丸のみ。5月7日未明、西軍は城の南側一帯に布陣して最後の守りを固めた。東軍は天王寺口・岡山口の両面から攻め寄せた。

幸村は負けを覚悟しつつも、敵総大将・徳川家康を討ち取ることを第一に考え、残った手勢を率いて出陣。

味方の大野治房《はるふさ》、明石全登、毛利勝永たちと協力し、東軍めがけて突撃する。めざす家康本陣を取り巻くのは、越前《えちぜん》の大名・松平忠直《ただなお》の率いる大軍だった。4倍近くの敵勢に対し、幸村は決死の切り込みをかけて突破、いよいよ家康本陣へと迫る。

何人もの影武者が打って出た？

天王寺の決戦では、幸村の影武者が何人も名乗って打って出、東軍を混乱させた。そのため、のちの首実検《くびじっけん》（討ち取った首が本人か、大将が検分すること）が混乱したという。

影武者を仕立てて生き延びた逸話は、古今東西多く残る。影武者の存在が、幸村の生存説を生んだのかもしれない。

◘「十死一生の戦法」で家康本陣をめざす◘

幸村は突撃のさい、図のような「十死一生《じっしいっしょう》の戦法」をとったといわれる。南北朝時代の名将、楠木正成《くすのきまさしげ》の編み出した戦法で、小勢が大軍に突撃するのに効果的な戦い方だ。

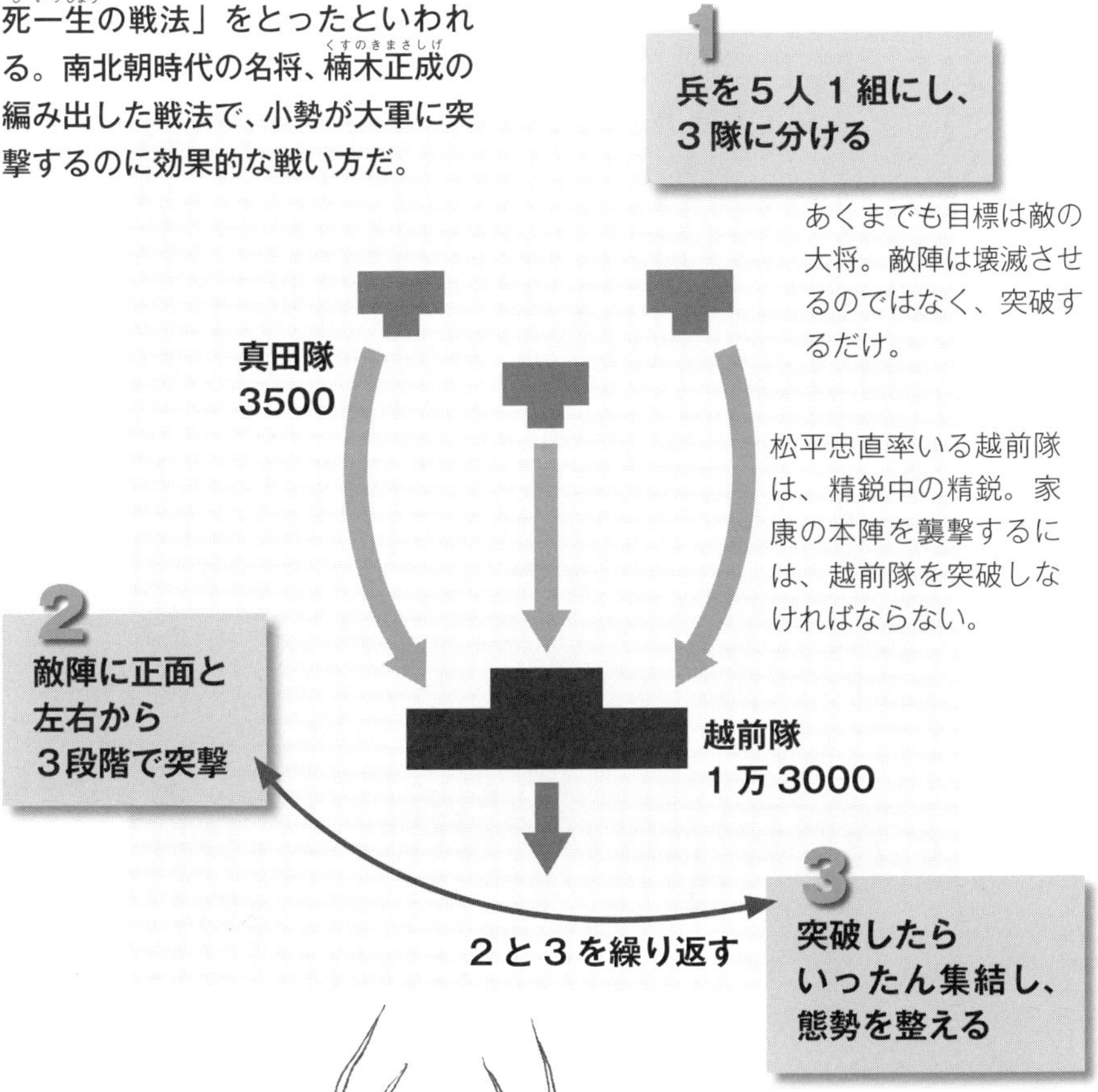
1
兵を5人1組にし、
3隊に分ける
あくまでも目標は敵の大将。敵陣は壊滅させるのではなく、突破するだけ。
真田隊
3500
松平忠直率いる越前隊は、精鋭中の精鋭。家康の本陣を襲撃するには、越前隊を突破しなければならない。
2
敵陣に正面と
左右から
3段階で突撃
越前隊
1万3000
3
突破したら
いったん集結し、
態勢を整える
2と3を繰り返す

家康本陣をめざす

真田軍は、ただひたすらに「家康の首」をねらった。

天王寺・岡山の戦い2

絶対的兵力差を突破。家康本陣へ迫る

敵方から賞賛された真田隊の奮戦

越前隊を突破し、真田隊は家康本陣を強襲。本陣は踏み荒らされ、馬印や軍旗《ぐんき》が倒された。真田隊の奮戦は、敵方武将からも賞賛された（P74 参照）。

三方ヶ原《みかたがはら》以来、倒れたことのない旗を倒した
家康の旗本衆《はたもとしゅう》は3里（約12km）逃げた

家康や旗本衆の動揺ぶりが史料に残る。東軍武将も驚きの目で見ていたようだ。

大坂城の南側各地で激戦が繰り広げられ、東軍の陣形は南北に広く伸び、家康本陣の守りは手薄になっていた。幸村は影武者に自分の名を叫ばせたとされ、さらに「浅野《あさの》勢が寝返った」と虚報を出し、敵をかく乱した。

1万5000の家康本陣は、幸村の策略に加え、横合いから毛利隊の突撃も受けて大混乱に陥る。幸村は3度にわたる突撃を仕掛け、家康本陣に迫った。この猛攻に、家康の本陣を守るべき旗本が逃げ出し、金扇《きんせん》の馬印《うまじるし》が倒れる。幸村はそれを踏み越えて迫ったが、家康はすでに逃げ去っていた。あと一歩のところで家康を取り逃がした幸村

壮絶な最期をとげた真田父子

西軍は総崩れに。真田隊はほとんどが戦死し、幸村自身も数か所傷を負いながら奮戦したが、家康の首はついに取れず。最期は越前松平隊に討ち取られた。

幸村討ち死に

↓

大助殉死《じゅんし》

↓

大坂落城

幸村の大助への遺言
「自分は今日討ち死にすると決めた。おまえは秀頼様に従い、秀頼様が御自害なさるときは、おまえも腹を切って死出のお供をせよ」

秀頼に殉じた大助
大助は誉田で槍傷を負ったが、天王寺でも奮戦。父の命で大坂城に入る。秀頼が自害を決めると、脱出のすすめを断り、父の遺言どおり秀頼に殉じた。

敵に発見されたとき、幸村は「手柄にせよ」と言ったという説も。幸村が没した地には安居神社があり（大阪市天王寺区）、戦没碑や幸村の石像が建つ。

写真提供：真優舎

隊は、敵の大軍のなかに孤立。激戦のなかで、兵はほとんどが戦死していた。そこへ態勢を立て直した越前松平隊ほか東軍各隊が幸村隊を包囲する。

　戦場では数に勝る東軍が盛り返し、西軍諸隊は次々と壊滅していた。幸村も乱戦のさなか、ついに戦死する。一説によれば安居《やすい》神社に逃れて一時休息中に首を打たれたという。その翌日、大坂城は落ちた。

解説

各地に「真田の秘密の抜け穴」が残る

大坂の陣における奮戦ぶりから、敵味方を超えて賞賛された幸村。その策略で敵を混乱させ、圧倒的不利な状況から勝利をもぎとってきた。

幸村が冬の陣で築いた「真田丸」の跡地の一部とされる、大阪府の三光《さんこう》神社の境内には「真田の抜け穴」と伝わるものが口を開けている。大坂城内と行き来できるよう幸村がつくらせたといわれる。穴は途中で埋められており、今は大坂城へは通じていない。実際には徳川軍が真田丸を攻めるにあたり、弾よけのために掘らせた塹壕《ざんごう》の跡ではないか、という説もある。

幸村が蟄居《ちっきょ》していた九度山《くどやま》の真田庵の近くにも、「真田の抜け穴」といわれるものがあり、幸村がそれを通って大坂へ出陣したという伝説が残る。調査の結果、実際には4世紀ごろの古墳であったことがわかっている。

真田の本拠地だった上田城跡の本丸付近に残る井戸も、城外と往来可能な抜け穴と伝わる。

これらの伝説は学術的な調査においては否定されるが、真田ゆかりの地には根強く残り、それぞれの地域の人々の心に息づいている。

大阪府三光神社の「真田の抜け穴」

三光神社付近は、冬の陣で真田丸が築かれた場所とされ、「大坂城との連絡用として、地下に暗道《あんどう》（抜け穴）を設けた」という史料もある。事実、敷地内に人が出入りできる大きな穴が開く。しかし穴は途中から城の反対方向へ折れていて、謎が深まる。現在は立ち入り禁止。

写真提供：真優舎

第5章

幸村ゆかりの地を巡る

幸村が生き、戦った、堅牢なる城や、平穏ながら策略を巡らせた蟄居の地。今訪れることができる城や屋敷から、往時の姿を偲ぶ。

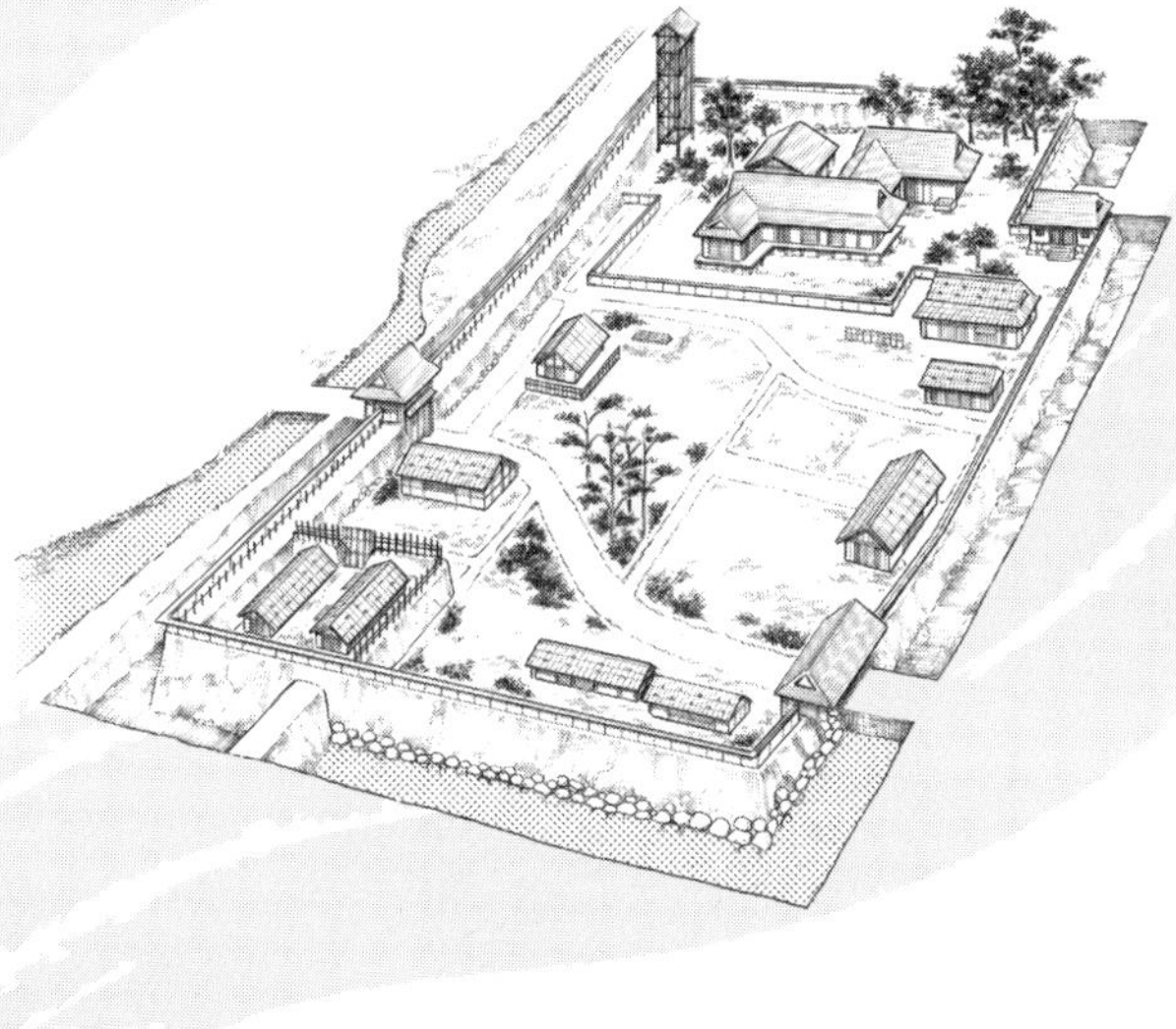

真田郷

真田家父祖の地

上田に本拠を置き、治める

「父祖の地」ともいうべき場所

松尾城《まつおじょう》
信綱寺《しんこうじ》
卍
勢力を拡大
山家《やまが》神社
卍 長谷寺《ちょうこくじ》
1551年
真田山城《さなだやまじょう》
本原
真田氏館《さなだしやかた》
もともと町があり、のちにこの地を取り戻した真田氏が館を構えて本拠地としたという説が有力。
殿城山《とのしろやま》
もともとこの地を「原（原之《はらの》郷《ごう》）」という。上田城ができ、人々が上田城下に移住して上田城下町に「原町《はらまち》」ができたため、こちらは「本原《もとはら》」になった。現在も「真田町」の地名が残る。

真田家の菩提寺
幸隆《ゆきたか》と昌幸《まさゆき》の墓がある。真田氏にとって最も重要な菩提寺とされた。

図は、真田郷《さなだごう》における真田氏の重要な城や居館を示した。もともとは本原が中心地。上田に向かって勢力を拡大し、戦国末期には上田城を本拠地とした。

DATA　真田氏記念公園

◆所在地
長野県上田市真田町下原
◆交通
JR 上田駅よりバス「下原」下車、徒歩約 1 分。

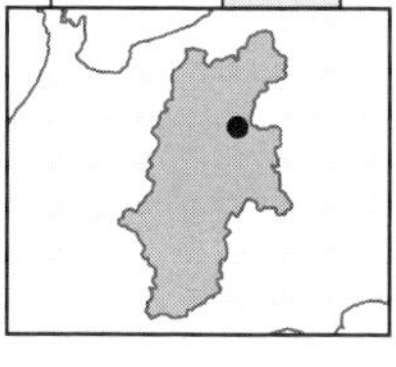

要所に城塞を築き、小県郡を守る

真田郷は周囲を山に囲まれ、南北を閉じれば攻めにくい地形。山を利用して要所に城を築き、小県《ちいさがた》郡《ぐん》を守る要とした。

MAP　真田郷付近
昌幸の兄、信綱《のぶつな》の菩提寺。信綱は幸隆のあとに真田家当主となったが、長篠・設楽原《したらがはら》の戦いで討ち死にした（P64 参照）。
東太郎山
太郎山
戸石城《といしじょう》
14～15世紀
1551 年に幸隆が攻略し、本拠地の一つとした。内小屋（屋敷）があり、居館でもあった（P 174 参照）。
1583年
上田城

昌幸が上田城の築城をはじめたのは天正 11（1583）年。1585 年の第一次上田合戦（P25、138 参照）のときは一部未完成だったが、徳川軍の撃退に成功している。

真田家の本拠地といえば、信濃上田《しなのうえだ》が有名である。しかし、それは真田昌幸の代になってからのこと。

その父、真田幸隆が謎多き人物であるため、真田家の本当の発祥地がわかってきたのはごく近年のことだ。

上田城から北東へ８㎞ほど離れたところに「真田」の名を冠した「真田郷」があり、その真田郷の「山家」あたりが真田家発祥の地といわれる（現在は真田氏記念公園となっている）。

江戸時代の文献『つちくれ鑑』には「真田村長谷寺、真田の町より十四町東のかなたなり。細道を行く。その間に町より少し上りて道の北の方に、真田屋敷と云う所あり」とある。古銭がまとまって出土し、堀跡と思われる窪地、現在も流れる用水もあり、大きな館があった痕跡が残る。そこがまさに真田の故郷といわれているのだ。

真田山城

最初の居城
真田郷のほぼ真ん中に位置

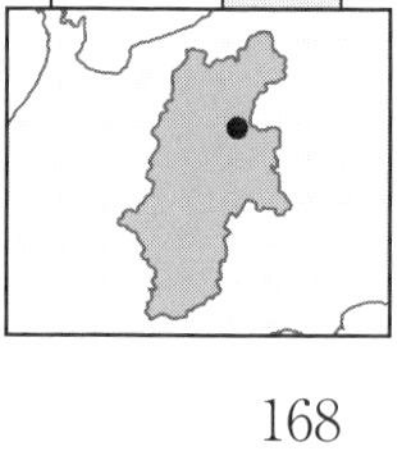

真田家発祥の地、真田郷のほぼ中心に位置するのが「真田山城」あるいは「真田本城《ほんじょう》」だ。このように呼ばれるようになったのはそう古い時代ではない。当時は「松尾城」と呼ばれた。

城といっても戦国時代の山城《やまじろ》は山上にあるため、戦時用の「砦」というべきもので、居住するには不便だった。そのため真田家の人々は、平時は麓にある真田氏館に住み、暮らしていた。

真田家が入る以前の鎌倉時代、当地にはすでに山城があったようだが、周辺に広がる山城群のなかでも最大級の規模を誇ることから、真田郷の中心的な防衛拠点だったのは間違いない。

山城は戦のときに使われた

平時
居館

- 周囲に城下町がある
- 主に政治の中心
- 防衛機能は高くない

平時に真田氏の居館として使われていたのは、真田氏館（御《お》屋《や》敷《しき》）などがある。

使い分ける

戦時
山城、詰城《つめじろ》

- 山全体に多数の曲輪《くるわ》がある
- 主に戦うときに使用
- 侵入経路を限り、守りやすくしている

真田山城や戸石城などが、戦時の山城として使われたと考えられる。

尾根に沿った連続型の曲輪

尾根を利用した城で、尾根沿いに曲輪が連続し、麓に向かって段郭が続く。曲輪が防衛線として使われ、防御力を高めている。

MAP　真田山城推測図

三方を崖に囲まれた防御しやすい城

三方を崖に囲まれ、入り口が熊久保《くまくぼ》方面のみ。敵の侵入を予測しやすく、きわめて防御しやすいつくりになっている。

▼「真田氏本城跡」として残る

現在は「真田氏本城跡」と呼ばれ、遺構が残る。山の上に位置するため、真田郷や上野《こうずけ》と小県郡を結ぶ道を一望できる。

写真提供：上田市

DATA　真田氏本城跡

◆所在地

長野県上田市真田町長 5029-3

◆交通

JR 上田駅よりバス「長小学校前」下車、徒歩約 30 分。

真田氏館

支城の中枢

今も遺構が残る居城の一つ

真田氏館跡から往時を偲ぶ

幸隆、信綱、昌幸の３代にわたって使われた居館。築城は永禄《えいろく》（1558 ～ 69 年）のころと伝わる。上田築城とともに、当主の居館としての役割を終える。

写真提供：上田市

◀館跡は現在公園として残る

御屋敷跡に皇太神宮があり、周囲に土塁などの遺構が残る。地元では「御屋敷」と呼ばれ、地名にもなっている。

DATA　御屋敷公園

◆所在地
長野県上田市真田町本原 2962-1

◆交通
JR 上田駅からバス「真田役場入り口」下車、徒歩約 13 分。

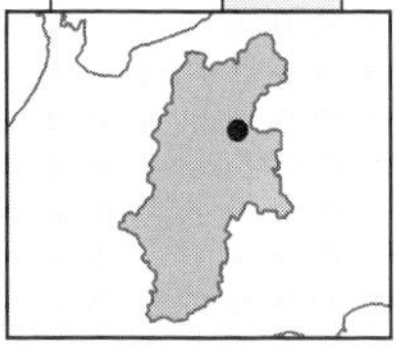

真田山城の麓に「御屋敷《おやしき》」という地名がある。ここが真田家の居館「真田氏館」があった場所だ。

　真田昌幸が上田城を築くまで一族とともに住んでいた居館の跡で、平素はここで暮らし、敵に攻められた場合は山上の真田山城に立てこもって戦うことができるセット構造になっていた。

　館跡は周囲に土塁《どるい》を巡らせ、東西150mほど、南北130mほどの規模だった。土塁は東側が特に高く、現在でも4～5mも残っている。南側には大手があり、枡形《ますがた》も残るなど、ある程度の防衛機能ももっていた。中世豪族の館跡として貴重な遺構でもある。

MAP　居館推測図

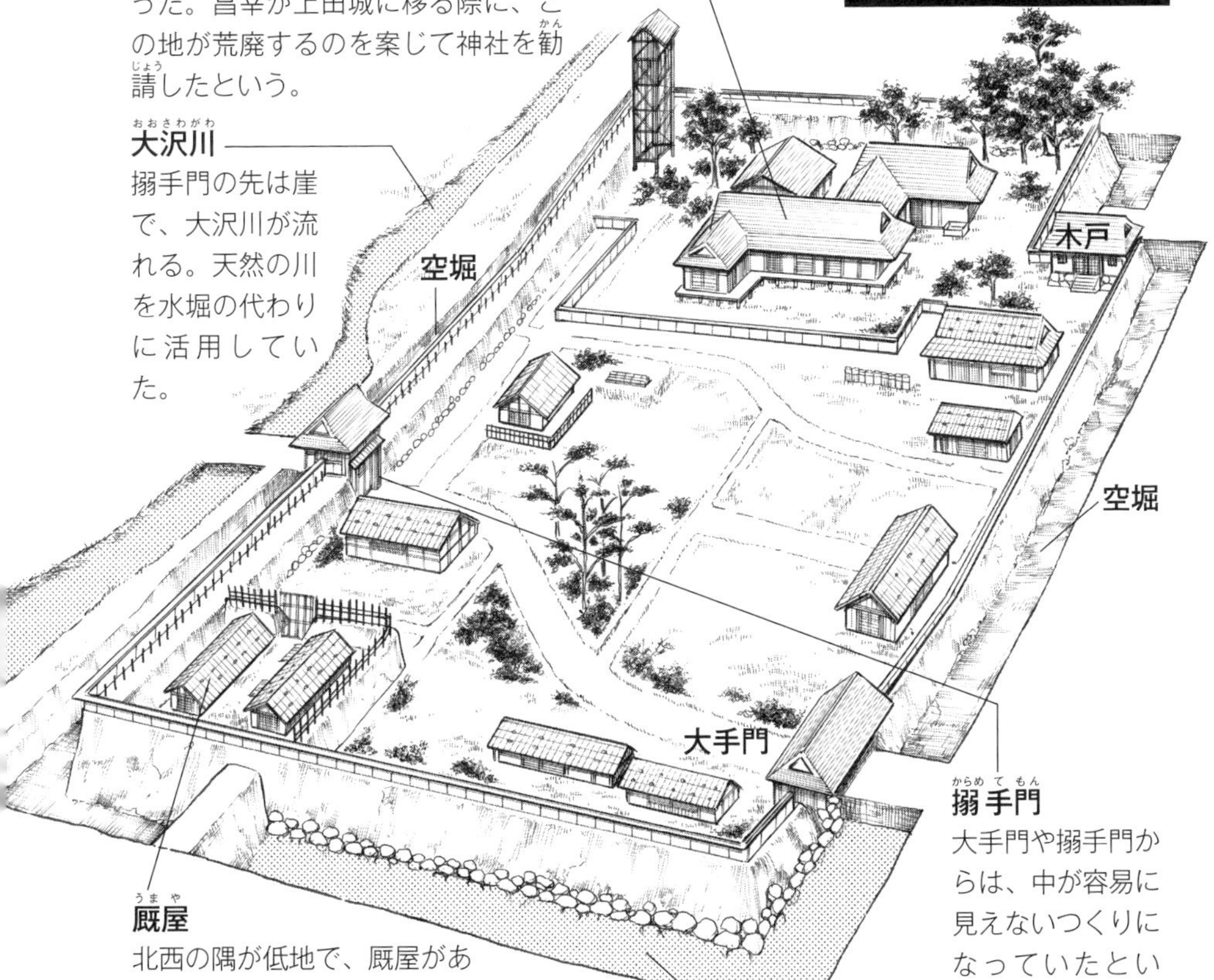

御屋敷
現在皇太神宮のある場所が御屋敷だった。昌幸が上田城に移る際に、この地が荒廃するのを案じて神社を勧《かん》請《じょう》したという。

大沢川《おおさわがわ》
搦手門の先は崖で、大沢川が流れる。天然の川を水堀の代わりに活用していた。

搦手門《からめてもん》
大手門や搦手門からは、中が容易に見えないつくりになっていたという。

厩屋《うまや》
北西の隅が低地で、厩屋があったと伝わる。厩屋の近くから排水施設が発掘されており、水堀に使われていたと考えられる。

水堀
敷地の周りに、水堀と空堀を巡らせて、防御力を高めている。

◎居館ではあるが城としての防御機能を備える◎

イラストは、発掘遺構から推測した御屋敷図。ほぼ長方形で、周囲に堀と土塁を巡らせたつくり。居館にしては防御機能が高く、いざというときは城としても戦えるように築城されている。

上田城

真田家の本拠地

昌幸が築いた鉄壁の城

DATA　上田城跡公園

◆所在地
長野県上田市二の丸 6263
◆交通
上田駅より徒歩約 12 分。

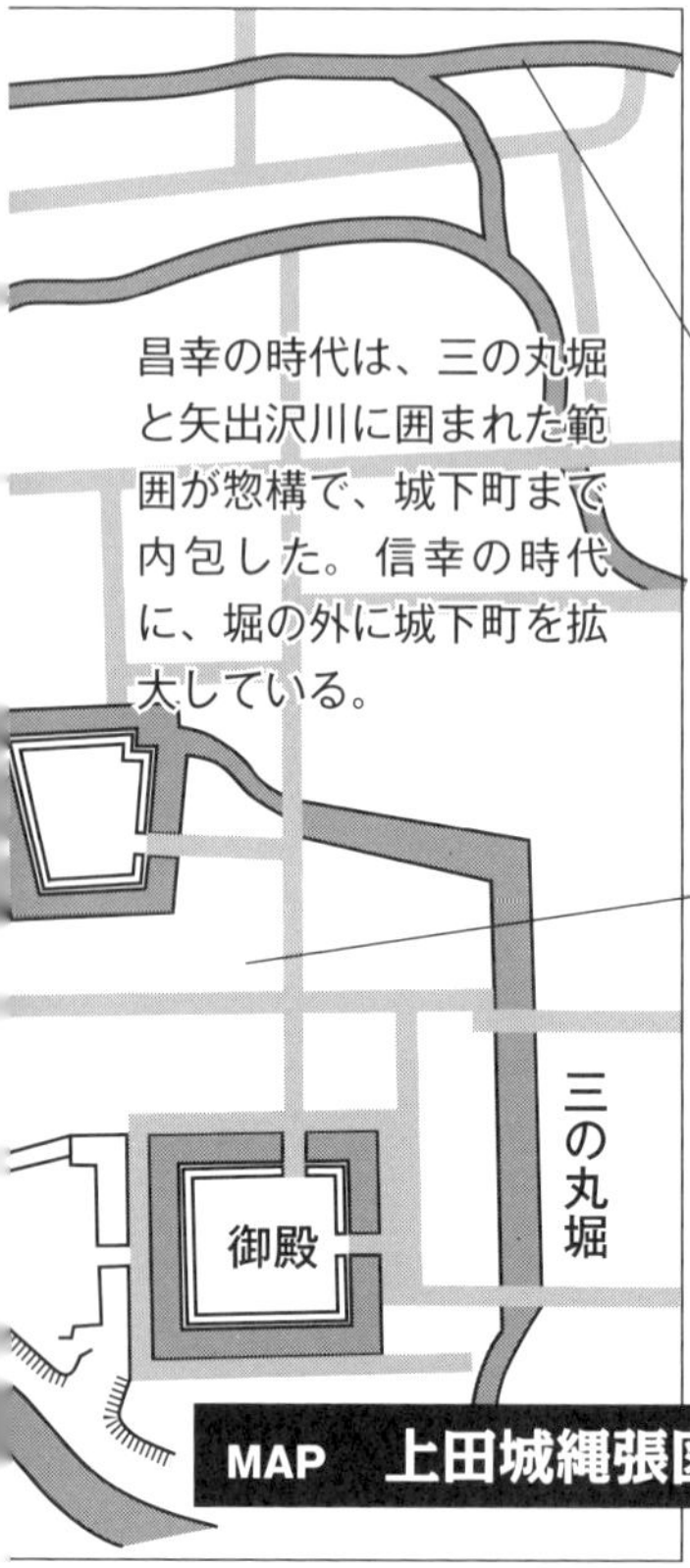

昌幸の時代は、三の丸堀と矢出沢川に囲まれた範囲が惣構で、城下町まで内包した。信幸の時代に、堀の外に城下町を拡大している。
三の丸堀
御殿

MAP　上田城縄張図

矢出沢川《やでさわがわ》
もともと百間堀《ひゃっけんぼり》のあたりを流れていたが、築城に際し北側へ移され、上田城の外堀として利用された。

三の丸
南北の堀で囲まれた区画。三の丸は御殿や蔵屋敷、中屋敷が独立した曲輪をもち、防御力を高めていた。

▼本丸虎口門《こぐちもん》
虎口門は曲輪の正面に位置する出入り口。城攻めのさいに攻守の要所となるため、防御性が高められ、厳重に防衛された。

写真提供：上田市

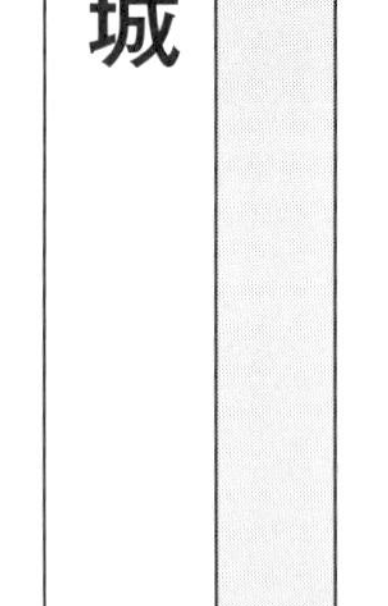

自然の川や崖を利用した、攻守に優れたつくり

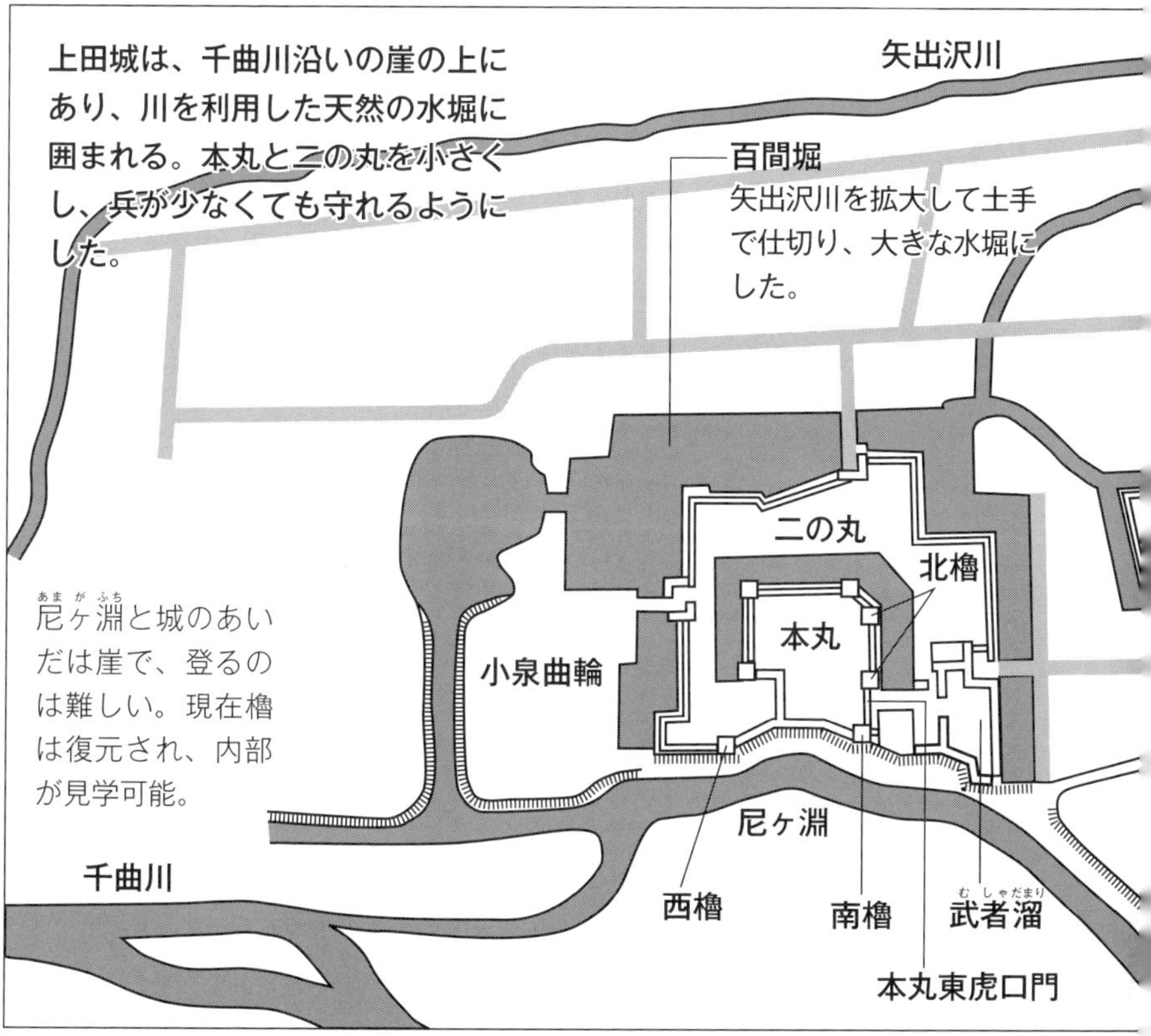
上田城は、千曲川沿いの崖の上にあり、川を利用した天然の水堀に囲まれる。本丸と二の丸を小さくし、兵が少なくても守れるようにした。
矢出沢川
百間堀
矢出沢川を拡大して土手で仕切り、大きな水堀にした。
二の丸
北櫓
本丸
小泉曲輪
尼ヶ淵《あまがふち》と城のあいだは崖で、登るのは難しい。現在櫓は復元され、内部が見学可能。
尼ヶ淵
千曲川
西櫓
南櫓
武者溜《むしゃだまり》
本丸東虎口門

真田郷（真田氏館）から南西へ８km ほどの場所に位置する上田城。

主家の武田家が滅亡した翌天正11（１５８３）年、戦国大名として成長し、領地を拡張した真田昌幸は、不便な山城から平野部《へいやぶ》へと拠点を移すことを考えた。まず戸石城へ一時的に移り、南西の上田に城を築いて移り住んだ。

背後の千曲川《ちくまがわ》を天然の堀とし、本丸と二の丸をあえて小さくするなど、２０００〜３０００の兵にも十分に守れる配慮がなされた攻守一体型の城であり、城下町の経営にも重きを置いた昌幸の傑作ともいえる城だ。

第一次・第二次上田合戦で徳川軍の侵攻を２度も防いだ、歴戦の名城でもあるが、江戸時代に真田信幸が松代《まつしろ》へ移ると仙石家《せんごくけ》が入った。現在残る上田城の櫓《やぐら》などは、仙石家の時代に復興されたものだ。

戸石城

上田を守る城塞群
信玄にも屈しなかった攻撃・防御の要

もともとは真田家の城だった

上田から真田郷に入る要衝。築城時期は不明だが、真田氏が上田への進出をはかるさいに築いたともいわれる。

MAP　戸石城付近

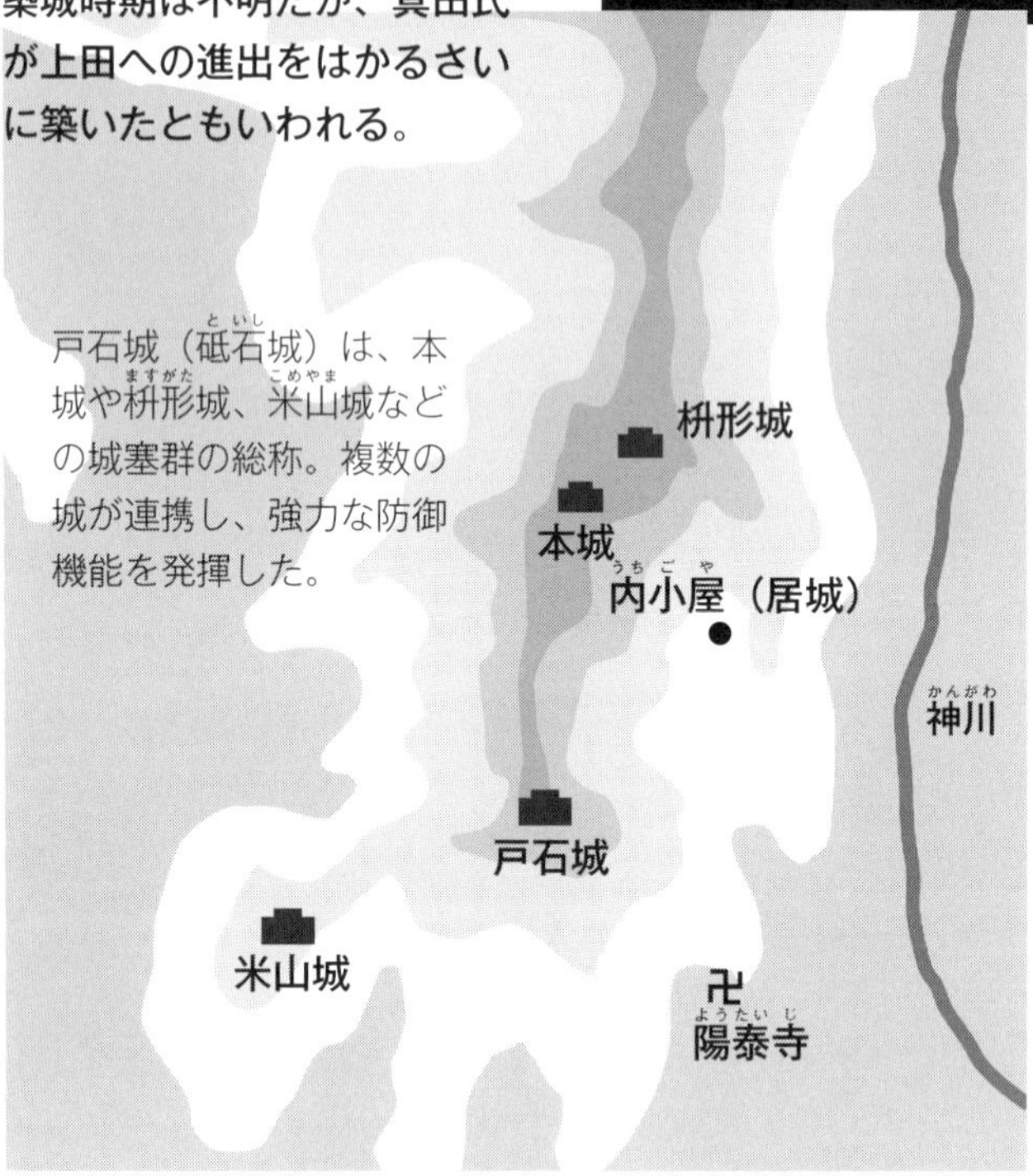

戸石城（砥石《といし》城）は、本城や枡形《ますがた》城、米山《こめやま》城などの城塞群の総称。複数の城が連携し、強力な防御機能を発揮した。
枡形城
本城
内小屋《うちごや》（居城）
神川《かんがわ》
戸石城
米山城
卍
陽泰寺《ようたいじ》

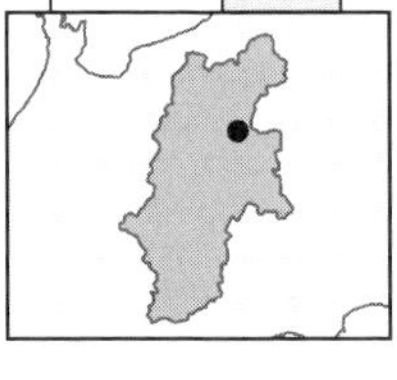

「戸石崩れ《といしくず》」という言葉が伝えられるとおり、戸石城は戦《いくさ》上手の武田《たけだ》信玄《しんげん》が攻略に失敗し、手痛い敗北を喫した山城。当時は村上家《むらかみけ》の本拠地だった。

このとき、村上家に真田山城を奪われて信玄に従っていた真田幸隆は、周辺の地理に精通していたため、引き続き攻略を担当することになる。

その1年後、信玄は戸石城の攻略に成功し、それに大きく貢献した幸隆は存在を知られるようになった。いわば真田家にとっての出世城といえよう。幸隆の没後、一時的に昌幸が移り住み、上田城が完成したあとも重要な支城の一つとして活用され続けた。

調略に成功し、戸石を落とす

幸隆は、信玄とは別行動で、情報収集や村上氏の内部工作にあたっていた。戸石崩れ後も地元にとどまり、戸石の奪還に成功した。

幸隆

信玄 戸石崩れ

幸隆に約束する

信玄は、1 か月間武力で攻めたが攻略できず、さらに撤退時に追撃され大損害を被った。信玄は幸隆に、戸石を攻略できたら真田郷と上田を与えると約束。

幸隆 戸石を奪還

信玄

幸隆が地元出身という利点を生かして、戸石城の攻略を任せる。

10 年ぶりに本拠地を取り戻す

天文 10（1541）年に村上氏に追われ、10 年後に本拠地を奪還し、上田も獲得。さらに武田家臣として地位を確立したことで、真田家が発展した。

幸隆 上田を入手

写真提供：上田市

◀現在の戸石城

山の尾根を利用した城。石垣跡などが残り、登山道になっている。

DATA　戸石城跡

◆所在地

長野県上田市上野字伊勢山

◆交通

JR 信越本線上田駅からバス、伊勢山バス停下車。登山口まで徒歩 5 分。車なら上信越自動車道、上田菅平 IC から約 10 分。

岩櫃城

上野攻略の拠点

小説でも有名な堅固な天然の要害

◘小説の冒頭でも有名な城◘

池波正太郎の小説『真田太平記』は、地炉ノ間《じろのま》のシーンからはじまる。小説で地炉ノ間があったのが岩櫃城だ。

MAP　岩櫃城推測図

二の丸を中心に、放射状に竪堀がある。竪堀は斜面に縦に掘った堀で、武田の山城に特徴的な構造。敵の動きを妨げ、味方が出撃する通路にもなる。

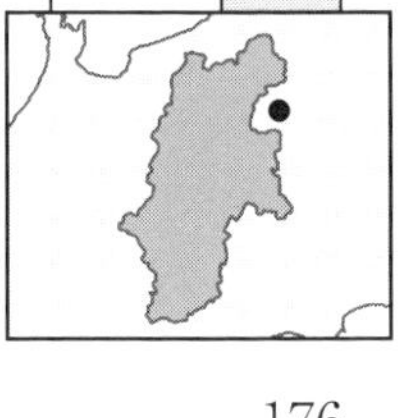

戸石城と同様、武田信玄の信濃地方平定の過程に登場する堅城《けんじょう》が岩櫃城《いわびつじょう》だ。岩櫃山の北東に延びる尾根沿いにあり、吾妻川《あがつまがわ》の西岸に位置していた。永禄6（1563）年当時、この城は上《うえ》杉謙信《すぎけんしん》に与《くみ》する斎藤家《さいとうけ》が支配していた。岩櫃攻略を信玄に命じられた真田幸隆は、斎藤家の当主の弟や重臣たちに働きかけ、彼らを裏切らせることに成功。

これが功を奏し、1日で岩櫃城を攻略したと伝わる。信玄は岩櫃城を幸隆に与え、城主とした。以後、真田家による吾妻攻略の中心的な役割を担うようになり、昌幸が沼田城を手に入れたあとはその支城として使われた。

幸隆の武略で城を落とす

家族や城の重鎮を内応させる

城主の弟（一説にはおい）を内応させ、城の重臣らを裏切らせた。

城の水を絶つ

岩櫃城は攻めづらいが、水の少ないのが弱点。幸隆は水を断つ作戦に出た。

火攻めにして落城させる

部下に城を探らせると、城内では馬を水で洗っているという。しかし幸隆は、城に出入りする僧から、米を使って水に見せていると聞く。そこで火攻めにして一気に落としたという。

DATA　岩櫃城跡

◆**所在地**
群馬県吾妻郡吾妻町原町
◆**交通**
JR 群馬原町駅下車、登山口まで徒歩 25 分。

COLUMN

岩櫃城は２つあった？

一説には、幸隆が奪取したのは岩櫃城の西にある岩《いわ》下城《したじょう》であり、のちに真田氏が岩櫃城を築城したといわれる。また、岩下城はかつて岩櫃城と呼ばれていたという説もある。

沼田城 名胡桃城

関東攻略の最前線

大名どうしの勢力争いに揺れ続けた

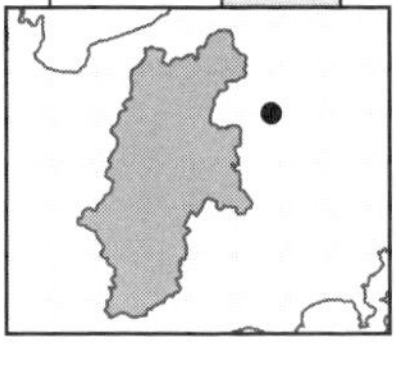

信玄の跡を継いだ武田勝頼《かつより》が、天正《てんしょう》7（1579）年に真田昌幸に命じて築かせた名胡桃城。この城を拠点に沼田城の攻略に成功した昌幸は、以後も名胡桃城を有力な支城として活用。攻め入ってきた北条の軍を退けている。

真田家が豊臣秀吉《とよとみひでよし》に従属したあとの天正17（1589）年、北条家の家臣猪俣邦憲が城代の鈴木重則《すずきしげのり》を寝返らせて名胡桃城を奪取する事件が起きた。秀吉はこれを口実に、北条攻め（小田《おだ》原《わら》攻め、P26参照）を開始。昌幸、信幸、幸村もこれに従った。

名胡桃城は、歴史を大きく動かすきっかけとなった城として名を残した。

◘上野が利根川を挟んで二分される◘

上野《こうずけ》は、古くから北条・上杉・武田の争いの場。沼田地方は、およそ利根川の東西に北条と真田の城が分かれていた。

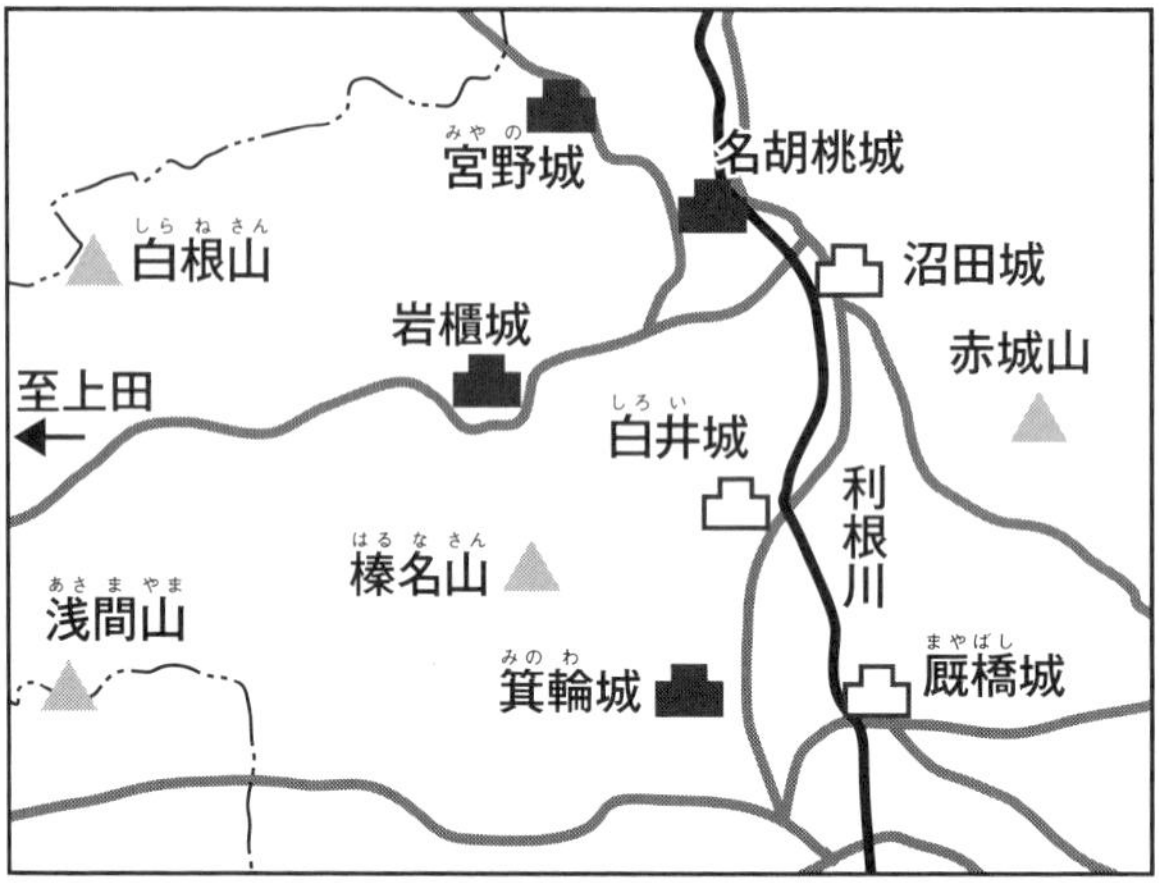

北条方

真田方

DATA 名胡桃城跡

◆所在地

群馬県利根郡みなかみ町下津3462

◆交通

JR後閑駅より徒歩約20分、または
JR上毛高原駅より徒歩約45分。

名胡桃城の城主

武田氏（真田昌幸）
名胡桃城の築城は不明。1569年には鈴木重則（主水《もんど》）が城主を務めていたという記録もある。

沼田城の城主

永禄元(1558)年　**北条氏**

▼ 上杉謙信《うえすぎけんしん》の猛攻により、城を手放す。

上杉氏

■天正6(1578)年　**上杉謙信死去。御館《おたて》の乱勃発**

謙信が死去し、謙信の養子である景勝《かげかつ》と景虎《かげとら》が跡目を争った。景虎が敗死し、景勝が当主を相続した。

天正8(1580)年
武田氏(真田氏)
景勝に味方した武田勝頼が、景勝から沼田領などの東上野を譲られる。

■天正10(1582)年　**武田勝頼死去。武田氏滅亡**

真田氏
昌幸が、沼田領の城の修築をはじめる。沼田城が北条に侵攻されたときのために、名胡桃城を特に念入りに修築。

真田氏
徳川に臣従したが、徳川と北条の同盟による沼田領割譲の要求を断り、上杉に臣従することに。

■天正17(1589)年　**秀吉による惣無事令《そうぶじれい》**

同年11月中旬　**北条氏**
秀吉の命令を無視して、北条氏が名胡桃城を奪取。小田原攻めがはじまる。

北条氏
秀吉の裁定により、名胡桃城は真田氏、沼田城は北条氏に。

■天正18(1590)年　**小田原攻め。北条氏滅亡**

真田氏（名胡桃城）

真田氏（沼田城）

真田庵

壮年期の居住地
父とともに蟄居した屋敷跡

「関ヶ原の戦い」のあと、西軍についた昌幸と幸村は紀伊《きい》の高野山《こうやさん》へ配流された。しかし、高野山は女人禁制であったために家族とともに入山できず、山麓の九度山《くどやま》という場所まで下りてきて、軟禁生活を送ることになった。

　徳川家の命令を受けた監視の者たちに見張られた生活ではあったが、昌幸も幸村も妻子たちとともに、比較的自由にすごした。11年後、昌幸はこの九度山で亡くなり、幸村も「近ごろは私も年老いた」との様子を手紙に綴るなど、寂しい思いはしていたようだ。

　現在、真田屋敷（真田庵《さなだあん》）の跡は善《ぜん》名称院《みょうしょういん》という尼寺になっている。

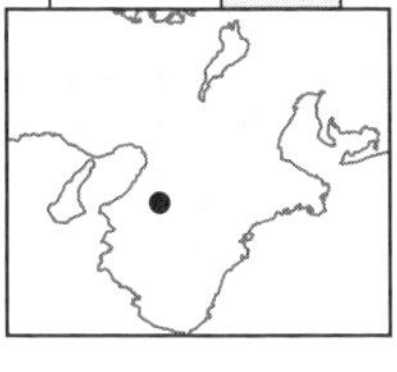

◘屋敷跡周辺から蟄居生活を偲ぶ◘

屋敷跡の周辺には、真田親子が川釣りを楽しんだ「真田渕《さなだふち》」や真田の抜け穴とされた「真田古墳（P164参照）」などが残り、往時を偲ばせる。

▲現在はお寺が建つ　真田家の屋敷跡には、善名称院というお寺が建てられた。真田庵とも呼ばれる。

写真提供：和歌山県九度山町

高野山から九度山へ

高野山は女人禁制。麓の九度山に屋敷が用意され、そこで生活した。蟄居生活は 14 年にも及んだ。

DATA　真田庵（善名称院）

◆所在地
和歌山県伊都郡九度山町九度山 1413
◆交通
南海電鉄高野線九度山駅から徒歩約 10 分。

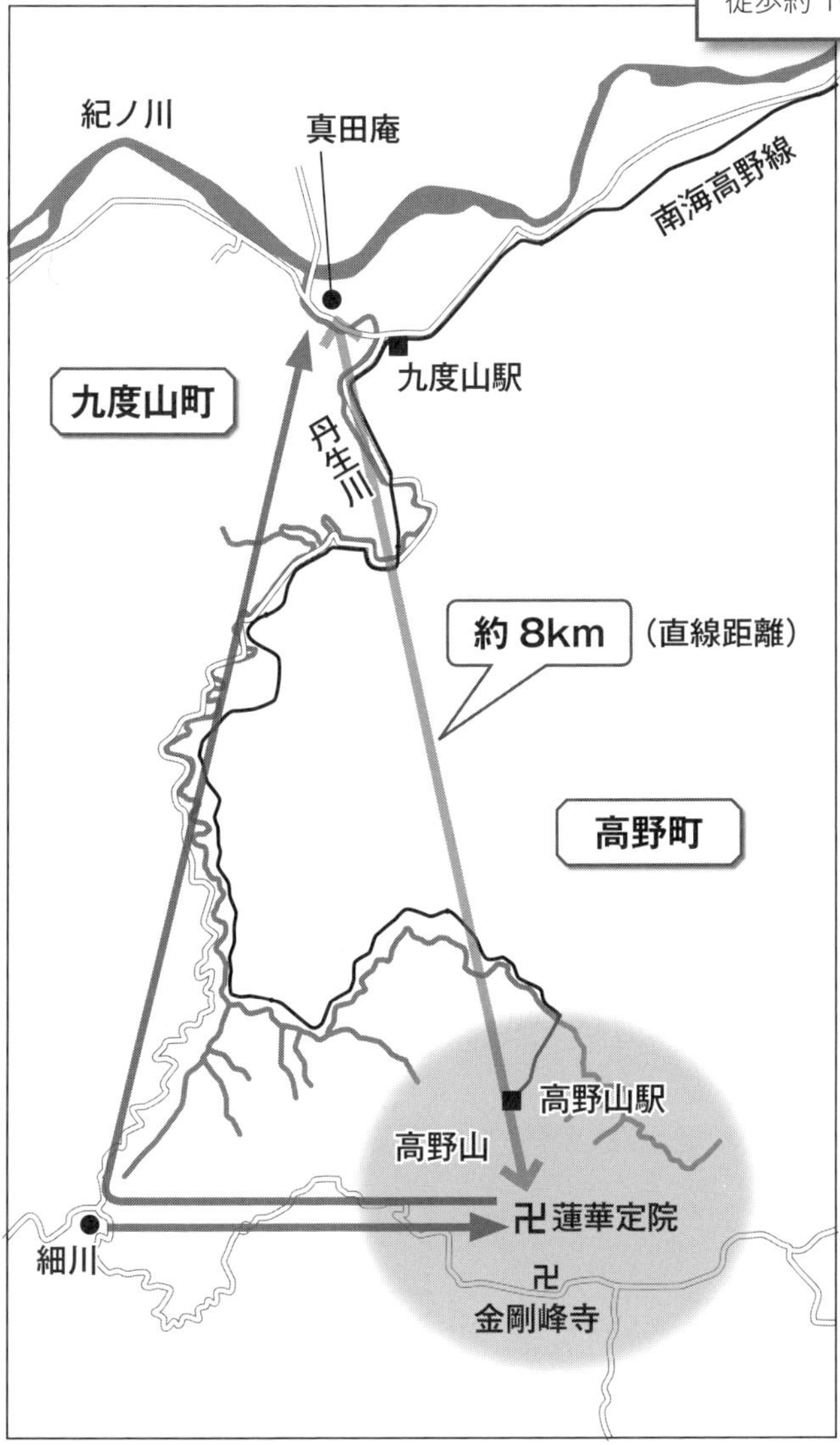

紀ノ川
真田庵
南海高野線
九度山駅
九度山町
丹生川
約 8km
（直線距離）
高野町
高野山駅
高野山
卍 蓮華定院
細川
卍
金剛峰寺

幸村一行は上田を出て、細川に少し滞在し、高野山の蓮《れん》華《げ》定《じょう》院《いん》にしばらくとどまった。その後、九度山に移住した。

大坂城

最期の城

生涯最も長くすごした豊臣の巨城

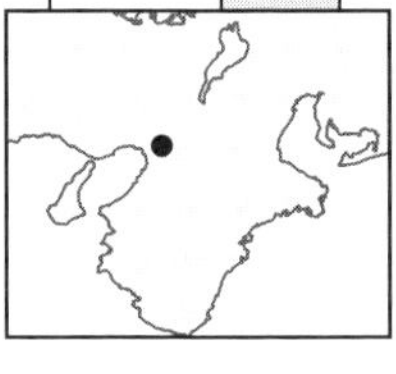

青年期の大半を秀吉の下ですごす

幸村が秀吉に仕えたのは、第一次上田合戦の天正 13（1585）年から、秀吉が死去する慶長 3（1598）年まで。天下人の下で、その後の人生を左右するほどの影響を受けた。

与える

官位
従《じゅ》五《ご》位《い》下《げ》左《さ》衛《え》門佐《もんのすけ》

名
豊臣姓

とりもつ

結婚
大谷吉継《おおたによしつぐ》の娘を妻に

約13年間直臣《じきしん》として仕える

幸村は秀吉の覚えもめでたく、そば近くに仕えていた。秀吉の下で武将としての実力をつけ、頭角を現すようになった。

▲**現在の大阪城天守閣**
現在の天守閣は、大坂夏の陣図屏風《びょうぶ》に基づき再現されたもの。縄張りは江戸時代のものだが、秀吉のころと大きな違いはなく、高さ・規模ともに日本屈指の城であるとわかる。

写真提供：真優舎

COLUMN

大坂？大阪？地名の謎

現在は「大阪」だが、戦国時代は「大坂」の表記で、読み方もおおざか・おさか、など複数あった。江戸時代ごろから、「阪」の字も使われるように。坂の字が「土に反る」「士が反する」と読めて不吉とされたという説がある。

DATA　大阪城天守閣

◆所在地
大阪府大阪市中央区大阪城 1-1

◆交通
JR 森ノ宮駅、大阪城公園駅、または地下鉄谷町４丁目駅、天満橋駅、森ノ宮駅、京阪天満橋駅など、徒歩 10～15 分程度。

日本史上、最もドラマチックな歴史をたどった大坂城。ここには、織田信《おだのぶ》長《なが》と11年にわたって抗争を続けた石山《いしやま》本願寺《ほんがんじ》の拠点・大坂《おおさか》御坊《ごぼう》があった。

その大坂御坊の跡地に、豊臣秀吉が天正11（1583）年に築城を開始し、巨城を築いたのがはじまりだ。

大坂城は豊臣家の権力の象徴ともいえる存在で、その城下には多くの家臣たちの屋敷が建てられた。真田家が豊臣家に臣従すると、昌幸の次男である幸村は人質として大坂城に預けられることになった。

人質時代の幸村の様子を伝える史料は極めて少ないが、20～30歳のころ、大坂や京で約13年もの長きにわたり生活し、さまざまな経験を積んだ。

晩年、「大坂冬の陣」での幸村の活躍は、この城の構造を知り尽くしていたことが理由だったともいえる。

真田丸跡

最期の智略

周辺の坂道が堀や出城の跡を思わせる

◀寺の前に碑が建つ
江戸時代、真田丸跡地に幸村・大助父子を弔う寺が建立された。それが心眼寺だ。門前には「真田幸村出丸城跡」の碑がある。
写真提供：真優舎

DATA　真田山公園

◆所在地
大阪府大阪市天王寺区真田山町５

◆交通
JR 玉造駅より徒歩約10分、または鶴橋駅より徒歩約15分。

地名や地形から真田丸を想像する

現在真田丸の跡とされる地には、学校や寺が建ち、真田山公園や真田山町などの名が残る（左図）。起伏の激しい地形から、真田丸が天然の地形を利用したことがわかる。

大阪城公園（当時の大坂城の中心部）の南東、１㎞ほど離れた場所に「真田山公園」がある。この付近一帯が、幸村が築いた大坂城の防衛拠点・真田丸があった場所といわれている。

実際には小さな城（出城）ほどの規模があり、広範囲に広がっていたようだ。正確な位置は不明だが、現在の心《しん》眼《がん》寺《じ》や大阪明星学園（大阪市天王寺区）のあたりが中心地だったと考えられる。

幸村は大坂城の弱点とされる南側に出城を築くことで多くの敵を一手に引きつけ、大打撃を与えて、その名を轟かせたのだ。しかし、冬の陣が終結すると徳川軍の手で取り壊された。

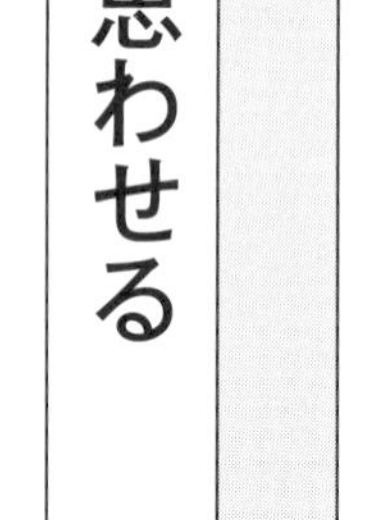

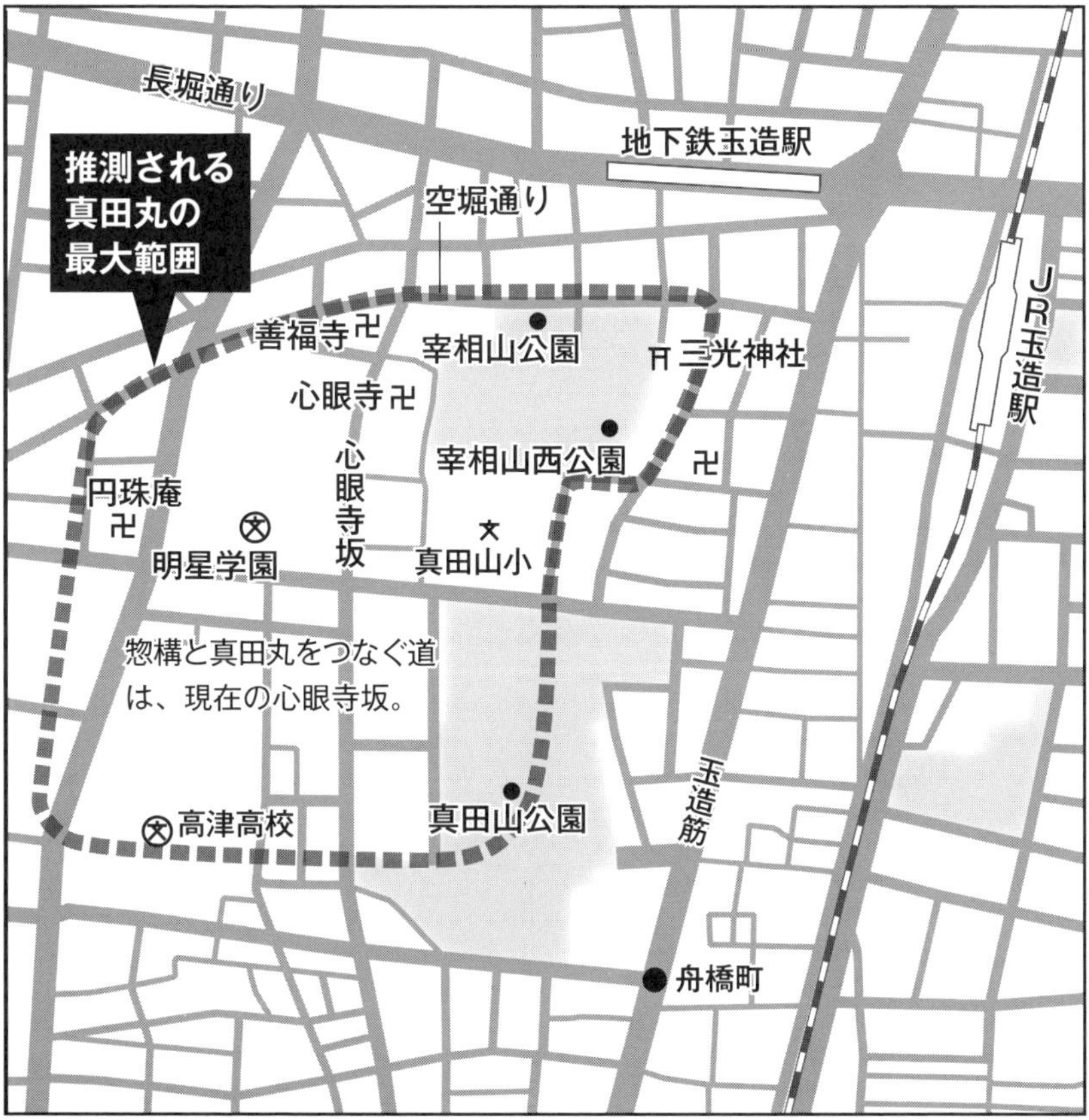

▲現在の真田山公園

真田山公園はスポーツ施設を備えた広い公園で、かなり高地。真田丸の規模と攻略の難しさが実感できる。

写真提供：真優舎

COLUMN

真田丸は孤立無援の城？

従来語られた真田丸は、単なる出丸。しかし研究で、「巨大な要塞」ともいえる城であることがわかってきた。

最新の説では、大坂城と真田丸のあいだには幅200mの谷があり、城からの援護は期待できなかったとされる。大坂城側に小さな曲輪があり、もし惣構側から敵が攻めてきても、小曲輪で迎撃できた。真田丸は単体で生き残れる一つの「城」だったのかもしれない。

真田幸村関係年表

※年齢は数え年

和暦	西暦	幸村年齢	できごと
永禄《えいろく》十年	一五六七	一	真田昌幸《まさゆき》に次男幸村（信繁《のぶしげ》）誕生。母は山手殿《やまてどの》。 昌幸は二一歳、武田信玄《たけだしんげん》の近習を務める。兄信幸《のぶゆき》は二歳。
一一年	一五六八	二	織田信長《おだのぶなが》が足利義昭《あしかがよしあき》を奉じて上洛。
元亀《げんき》元年	一五七〇	四	このころ、伯父信綱《のぶつな》が真田家の家督を継ぐ。 六月……織田信長と徳川家康《とくがわいえやす》の連合軍が、近江国《おうみのくに》姉川《あねがわ》で浅井《あざい》・朝倉《あさくら》連合軍を破る。
三年	一五七二	六	一二月……武田信玄と徳川家康が、三方ヶ原《みかたがはら》で戦闘。徳川軍大敗。
天正《てんしょう》元年	一五七三	七	四月……武田信玄が三河《みかわ》から帰陣途中で死去（元亀三年とも）、五三歳。
二年	一五七四	八	五月……祖父幸隆《ゆきたか》死去、六二歳。
三年	一五七五	九	五月……武田勝頼《かつより》が、長篠《ながしの》・設楽原《したらがはら》の戦いで織田信長・徳川家康の連合軍に大敗。 伯父の信綱（享年三九）、昌輝《まさてる》（享年三三）が戦死。昌幸が真田家の家督を継ぐ。
六年	一五七八	一二	三月……上杉謙信《うえすぎけんしん》死去、四九歳。御館《おたて》の乱が起こり、翌年まで続く。
八年	一五八〇	一四	昌幸が沼田城《ぬまたじょう》を攻略。
一〇年	一五八二	一六	二月……織田軍が信濃《しなの》に侵出。 三月……武田勝頼が自害、三七歳。武田氏が滅亡。 四月……昌幸、織田信長に臣従。 六月……本能寺《ほんのうじ》にて織田信長死去、四九歳。 七月……昌幸が北条《ほうじょう》に属する。 九月……昌幸が徳川に属する。

山手殿

武田信玄

上杉謙信

織田信長

和暦	西暦	幸村年齢	できごと
天正一一年	一五八三	一七	昌幸、上田城《うえだじょう》築城開始。
一三年	一五八五	一九	七月……昌幸が上杉に属する。 八月……徳川家康が真田を攻めるため、軍勢を差し向ける。 幸村は海津城《かいつじょう》へ人質として出仕し、上杉景勝《かげかつ》に援軍を求める。 閏八月二日……昌幸と信幸が徳川軍を上田に迎撃して破る（第一次上田合戦、Ｐ25、１３８）。 次いで、徳川軍が上田城の支城、丸子城《まるこじょう》を攻めたが落とせず。 一一月……徳川家臣石川数正《いしかわかずまさ》が家康に背き、豊臣秀吉《とよとみひでよし》の下へ。徳川軍が信濃から撤退。 このころ、幸村が大谷吉継《おおたによしつぐ》を介して大坂城の秀吉に出仕。
一四年	一五八六	二〇	七月……徳川家康が昌幸を討つため、駿府《すんぷ》まで出馬。 八月……豊臣秀吉の命で、徳川家康が兵を引く。 一一月……秀吉が上杉景勝の仲介で昌幸の罪を許し、昌幸を徳川家康の配下とする。
一七年	一五八九	二三	二月……信幸が徳川家康に出仕。 七月……秀吉の命で、沼田城を北条氏康《うじやす》に渡し、信幸が伊那郡《いなぐん》に移る。 名胡桃城は真田に残る。 一一月……沼田城主・猪俣邦憲《いのまたくにのり》が名胡桃城を攻め取る（Ｐ26）。 秀吉が北条氏の追討命令を出す。
一八年	一五九〇	二四	四月……豊臣秀吉が北条氏を攻める。昌幸、信幸らは前田利家《まえだとしいえ》や上杉景勝らと松井田《まついだ》城や箕輪《みのわ》城などを攻撃。小田原《おだわら》城へ進軍。 七月……小田原城落城（Ｐ26）。 このころ、信幸が本多忠勝《ほんだただかつ》の娘と、幸村が大谷吉継の娘と結婚。

上杉景勝

小松殿

竹林院

大谷吉継

和暦	西暦	幸村年齢	できごと
文禄《ぶんろく》元年	一五九二	二六	朝鮮出兵（P28）。昌幸父子、豊臣秀吉に従い、肥前国《ひぜんのくに》名護屋《なごや》に在陣。
二年	一五九三	二七	信幸が伏見城《ふしみじょう》の普請《ふしん》を命ぜられる。
三年	一五九四	二八	一一月……信幸が従五位下《じゅごいげ》伊豆守《いずのかみ》に、 幸村が従五位下《じゅごいげ》左衛門佐《さえもんのすけ》に任ぜられ、ともに豊臣姓を称す。
慶長《けいちょう》三年	一五九八	三二	八月……豊臣秀吉、京の伏見城で死去、六二歳。
五年	一六〇〇	三四	六月……徳川家康が上杉景勝を討つため、関東へ。 昌幸、信幸、幸村はこれに従う。 七月……一九日、京の家康方の伏見城を石田三成《いしだみつなり》らが攻撃。 二一日ごろ、昌幸ら犬伏《いぬぶし》の陣に、三成の密使が到着。 昌幸と幸村は豊臣方につくことを決め、徳川の陣を発ち沼田を経て上田に向かう。 信幸は徳川に残り、家康に報告（P30）。 九月……六日、徳川秀忠《ひでただ》が上田城を攻めて敗れる（第二次上田合戦、P31、142）。 一五日、関ヶ原の戦いで、東軍が大勝。 一六日、秀忠が信濃《しなの》小諸城《こもろ》を出立し、上方へ向かう。 一二月……昌幸と幸村が、高野山《こうやさん》へ赴く。のち九度山《くどやま》に移る（P32）。 信幸が沼田領と上田領を継ぎ、信之《のぶゆき》と改名。
一六年	一六一一	四五	三月……徳川家康が豊臣秀頼《ひでより》と二条城で会見。 六月……昌幸が九度山で死去。六五歳。
一七年	一六一二	四六	九度山の昌幸の侍臣、昌幸の一周忌終了後、上田に帰る。 幸村が入道して好白《こうはく》と号す。

石田三成

豊臣秀吉

真田昌幸

和暦	西暦	幸村年齢	できごと
慶長一九年	一六一四	四八	四月……方広寺鐘銘《ほうこうじしょうめい》事件（P34）。 一〇月……一日、家康が大坂追討を命令。 真田家は信幸が病気のため、上田から江戸詰、長男信吉《のぶよし》と次男信政《のぶまさ》が参陣。 一日、大坂方が挙兵を決断。初旬、秀頼の使者が九度山の幸村を訪れ、入城を促す（P36）。 九日、幸村が長男大助《だいすけ》らと九度山を出立。 一四日、大坂入城。中旬、真田丸の建造開始。 一二月……四日、大坂冬の陣。東軍が真田丸を攻めるが敗退（P40、152）。 一一日ごろから、幸村の勧誘工作がはじまるも、幸村は応ぜず（P44）。 二二日、和議成立。 二三日、大坂城の堀を埋め立てる工事が開始。
慶長二〇年 元和《げんな》元年	一六一五	四九	一月……大坂城の工事が終了。 一月から三月にかけて、幸村が大坂城から上田の姉・村松殿《むらまつどの》や姉婿、娘婿に手紙を送る（P72）。 三月……京の板倉勝重《いたくらかつしげ》が大坂方の再挙兵の疑いを駿府の家康に報告。 四月……家康が大坂の再征討を命令。 五月……六日、道明寺《どうみょうじ》・誉田《こんだ》の戦い（P46、156～159）。 後藤基次《ごとうもとつぐ》、薄田隼人《すすきだはやと》ら討ち死に。幸村は伊達《だて》隊と戦闘。 殿軍《しんがりぐん》を務めて後退。 七日、天王寺《てんのうじ》・岡山の戦い（P46、160～163）。 幸村が家康の本陣に突撃、討ち死に。 大坂城落城。 八日、豊臣秀頼（享年二三）、淀殿《よどどの》（享年四七）ら自害。 大助が殉死、一六歳。

徳川家康

真田幸村

真田大助

村松殿

出典：小林計一郎編『真田幸村のすべて』新人物往来社、1989年、
上田市誌編纂委員会編『上田市誌　歴史編6　真田氏と上田城』上田市、2002年より作成

参考文献

小林計一郎編『真田幸村のすべて』新人物往来社、1989年

上田市誌編さん委員会編『上田市誌　歴史編6　真田氏と上田城』上田市、2002年

丸島和洋編『論集　戦国大名と国衆13　信濃真田氏』岩田書院、2014年

「真田信繁と冬の陣」『月刊歴史街道』2014年12月号、PHP研究所

新人物往来社編『真田幸村　野望！　大坂の陣』新人物往来社、2010年

『別冊宝島　完全ビジュアル！　戦国最強・真田の戦い!!』宝島社、2014年

『歴史群像シリーズ　真田三代　1513-1658』学研パブリッシング、2013年

『決定版　図説　忍者と忍術』学研パブリッシング、2011年

小和田哲男監修『知識ゼロからの戦国武将入門』幻冬舎、2007年

『決定版　図説　戦国合戦地図集』学習研究社、2008年

『別冊歴史読本　真田幸村と大坂の陣』新人物往来社、2008年

村田修三総監修『日本名城百選』小学館、2008年

『戦国の堅城Ⅱ』学習研究社、2006年

花ヶ前盛明編『大谷刑部のすべて』新人物往来社、2000年

『別冊歴史読本　一族シリーズ　真田一族のすべて』新人物往来社、1996年

山本七平、永畑恭典監修『戦国名将・人物を知る事典』有精堂出版、1990年

小和田哲男（おわだ・てつお）

1944年、静岡市に生まれる。早稲田大学大学院文学研究科博士課程修了。静岡大学名誉教授。専攻は日本中世史。文学博士。主な著書に『戦国の城』（学習研究社）、『名城と合戦の日本史』（新潮社）、『戦国武将』『豊臣秀吉』（ともに中公新書）、『明智光秀と本能寺の変』（PHP文庫）、『知識ゼロからの日本の城入門』『知識ゼロからの戦国武将入門』（ともに幻冬舎）など多数。時代劇や大河ドラマの時代考証でも活躍。

装幀　石川直美（カメガイ デザイン オフィス）
装画・イラスト　真優舎
地図作成　谷 裕子
デザイン　バラスタジオ（高橋秀明）
校正　ペーパーハウス
編集協力　上永哲矢（オフィス哲舟）、オフィス201（勝又理夏子、新保寛子）
編集　鈴木恵美（幻冬舎）

知識ゼロからの真田幸村入門

2015年10月20日　第1刷発行

著　者　小和田哲男
発行人　見城 徹
編集人　福島広司

発行所　株式会社 幻冬舎
〒151-0051　東京都渋谷区千駄ヶ谷4-9-7
電話　03-5411-6211（編集）　03-5411-6222（営業）
振替　00120-8-767643
印刷・製本所　株式会社 光邦

検印廃止

ISBN978-4-344-90305-0 C2095
Printed in Japan
幻冬舎ホームページアドレス　http://www.gentosha.co.jp/
この本に関するご意見・ご感想をメールでお寄せいただく場合は、comment@gentosha.co.jpまで。